INHALT

> SZENE

S. 12–15: Trends, Entde-
ckungen, Hotspots! Was
wann wo im Languedoc-
Roussillon los ist, verrät
der MARCO POLO Szene-
autor vor Ort

> 24 STUNDEN

S. 98/99: Action pur und
einmalige Erlebnisse in
24 Stunden! MARCO POLO
hat für Sie einen außer-
gewöhnlichen Tag im
Languedoc zusammen-
gestellt

> LOW BUDGET

Viel erleben für wenig Geld!
Wo Sie zu kleinen Preisen
etwas Besonderes genießen
und tolle Schnäppchen
machen können:

Für nur 2 Euro sind Sie einen
ganzen Tag mit dem Leihrad
in Montpellier unterwegs
S. 45 | *menu de crise* in Per-
pignan: Tagesgericht plus ein
Glas Wein plus ein Espresso
für nur 5,90 Euro S. 59 | Zünf-
tig und preiswert übernachten Sie in den Cevennen in
einer *gîte d'étape* S. 85

> GUT ZU WISSEN

Was war wann? S. 10 |
Spezialitäten S. 26 | Blogs
& Podcasts S. 60 | Bücher &
Filme S. 78 | Tatort Cevennen
S. 89 | www.marcopolo.
de S. 108 | Eine Stadt der
Zukunft S. 110 | Was kostet
wie viel? S. 111 | Wetter in
Perpignan S. 112

AUF DEM TITEL
Chaos de Montpellier-le-
Vieux: eine Festung aus
Stein S. 91
Ausflug zum Bassin de Thau
S. 99

ENTDECKEN SIE DAS LANGUEDOC-ROUSSILLON!

Unsere Top 15 führen Sie an die traumhaftesten Orte und
zu den spannendsten Sehenswürdigkeiten

Die Highlights sind in der Karte auf dem hinteren Umschlag eingetragen

 Parc Naturel Régional du Haut-Languedoc
Wo Mufflons in Freiheit streifen,
können Sie nach Herzenslust wandern
(Seite 33)

 La Cité
So wehrhaft das mittelalterliche Juwel
in Carcassonne auch wirkt – es lässt sich
gern und leicht erobern (Seite 38)

 St-Guilhem-le-Désert
Das Dorf in grandioser Felswildnis
besitzt mit der romanischen Abteikirche
einen großen Kunstschatz (Seite 47)

 Nîmes
Geballtes antikes Erbe aus der
Römerzeit und mediterrane Lebens-
freude (Seite 47)

 Pont du Gard
Der Zahn der Zeit konnte dem
prächtigen Aquädukt aus der Römerzeit
bei Nîmes nichts anhaben (Seite 51)

 Collioure
Zweifellos das attraktivste Städtchen
an der Küste des Roussillon
(Seite 61)

 Abbaye de Fontfroide
Eine großartige Zisterzienserabtei
in einem verwunschenen Tal nahe
Narbonne (Seite 69)

 Château de Peyrepertuse
Unglaublich ist die Aussicht von der
größten Burg im *pays cathare*
nordwestlich von Perpignan
(Seite 72)

> DIE BESTEN MARCO POLO HIGHLIGHTS

 **Tautavel**
Faszinierende Begegnung mit dem „ältesten Europäer" im Centre européen de Préhistoire bei Perpignan (Seite 74)

Pic du Canigou
Der höchste Berg des Roussillon bei Prades lockt zu einer Besteigung (Seite 75)

Bambouseraie de Prafrance
Zu gigantischer Höhe wächst der Bambus in diesem kunstvoll angelegten Dschungel bei Anduze (Seite 83)

Grotte des Demoiselles
Zauberreich phantastisch geformter Stalagmiten und Stalaktiten (Seite 83)

Corniche des Cévennes
Eine Fahrt auf der gut 50 km langen Höhenstraße, die König Ludwig XIV. im frühen 18. Jh. zwischen Florac und St-Jean-de-Gard anlegen ließ, sollten Sie nicht auslassen (Seite 86)

Gorges du Tarn
Zu Recht gilt der Canyon, den der Fluss Tarn zwischen Florac und Millau im Lauf der Jahrtausende in sein Bett gefressen hat, als eines der großen Naturwunder Frankreichs (Seite 87)

Viaduc de Millau
Eine Sehenswürdigkeit aus dem dritten Jahrtausend: Die höchste Autobahnbrücke der Welt, entworfen von Norman Foster, ist eine architektonische und technische Meisterleistung (Seite 92)

WAS FÜR EINE REGION!

Pont d'Arc in den Gorges de L'Ardèche

> Strandvergnügen und Kultur, pralles Leben in quirligen Städten und wildromantische Landschaften – all das bietet das Languedoc-Roussillon. Das Freizeitangebot – auch für Kinder und Jugendliche – in den Badeorten am Mittelmeer ist riesig. Historisch Interessierte können im Hinterland auf den Spuren der Katharer wandeln, die beeindruckende Burgen und Klöster hinterlassen haben, oder sich in der Festung von Carcassonne ins Mittelalter zurückversetzen. Naturfreunden bieten die Pyrenäen und Cevennen überwältigende Landschaften, und Abenteuerlustige stürzen sich mit Kanu oder Kajak in die Wildwasser von Tarn und Aude.

> Haben Sie schon mal vom „französischen Florida" gehört? Da denkt man unwillkürlich an Sonne, Sand, Palmen und sonnengebräunte Menschen in bunten Freizeitklamotten oder knappem Badedress. Das „französische Florida" hat genau das zu bieten: Hier, am Golfe du Lion zwischen der Rhônemündung und der spanischen Grenze, reiht sich an 200 km langem Sandstrand ein Badeort an den nächsten: von La Grande-Motte über Palavas-les-Flots, Cap d'Agde, Narbonne-Plage, Gruissan-Plage, Leucate-Plage und Canet-en-Roussillon bis Argelès-Plage.

Die Geburt dieses „französischen Florida" war ein groß angelegtes Planspiel. Als der französische Staat in den 1960er-Jahren beschloss, die mückenverseuchte und bis auf vereinzelte Ausnahmen als Badeplatz ungenutzte Küste des Golfe du Lion für den Tourismus zu erschließen, begann das Projekt mit einem Paukenschlag: La Grande-Motte. Die pyramidenförmig gestaffelte Ferienanlage mit allem, was dazugehört, um die Ferienideen der Zukunft zu verwirklichen, wurde zu einem weltweiten Medienspektakel. Und selbst heute, ein paar Jahrzehnte nach ihrer Eröffnung, ist diese futuristische Ferienmaschine an der Küste des Languedoc-Roussillon so einmalig wie bei der Entstehung.

Wer hier Urlaub macht, hat eine eindeutige Wahl getroffen: für Sonnen-

> Einmalige Meisterwerke römischer Baukunst

baden und für das Meer und den mehr oder weniger sportlichen Umgang mit dem Wasser, sprich Surfen, Schnorcheln, Segeln; für zwei oder drei Wochen im Adams- und Evakostüm, zum Beispiel in der Naturistenhochburg Cap d'Agde.

Die Region Languedoc-Roussillon mit den Departements Gard, Lozère,

Eine Stadt wie eine Burg? Die ganze Stadt *ist* eine Burg! Panorama der Cité von Carcassonne

Hérault, Aude und Pyrénées-Orientales ist allerdings weit mehr als nur ein „französisches Florida". Vom Rhônetal bis zu den Pyrenäen, von der Petite Camargue bis zu den einsamen Höhen der Cevennen finden Sie unterschiedlichste Landschaften, die alle einen Urlaub wert sind.

Schon bei Ausflügen ins küstennahe Hinterland gibt es viel zu entdecken, von Plätzen, an denen der älteste Europäer jagte, der „Mensch von Tautavel", über einmalige Meisterwerke römischer Baukunst wie den Pont du Gard, die Arena und die Maison Carrée in Nîmes oder frühe Siedlungen wie Oppidum d'Enserune oder so attraktive Städte wie Béziers, Montpellier, Narbonne und Perpignan. Dabei entdecken Sie keine verschlafenen Provinznester, sondern dynamische, dem Fortschritt verpflichtete Regionalmetropolen: die Universitätsstadt Montpellier etwa, die kühne Stadtprojekte wie Antigone und Odysse-

um verwirklicht hat. Oder Perpignan, das am Schnittpunkt der Kulturen zwischen Spanien und Frankreich seine katalanische Tradition kultiviert.

Oder Sie erkunden auf Ausflügen ins Hinterland der Küste das *pays cathare,* das Land der Katharer, der südfranzösischen „Ketzer" (das deutsche Wort geht übrigens auf die Katharer zurück) aus dem späten Mittelalter. Hier, im hügeligen Weinland der Corbières, ragen die Felskegel mit ihren Burgen aus endlosen Rebstockreihen auf: Quéribus, Peyrepertuse oder Puilaurens. Das *pays cathare* ist

> **> Dynamische Städte und kühne Architekturprojekte**

ein touristisches Highlight. Kann man es den heutigen Nachkommen der Katharer verdenken, dass sie aus dem tragischen Schicksal ihrer Altvorderen Kapital schlagen und ihre Produkte – vom Wein über Konfitüren bis Kunsthandwerk – mit diesem Etikett schmücken?

Oder locken Sie die Cevennen? Das ist die Welt der einsamen Bergdörfer, der Kastanienwälder, der aufgegebenen, halb verfallenen Bauernhöfe. Zwar hat sich die Landflucht in den letzten Jahren etwas verlangsamt und wurde so manches leer stehende Haus von Zuzüglern aus anderen französischen Regionen oder aus dem europäischen Ausland zum Feriendomizil umgebaut – doch mit nur 10 Ew./km^2 ist das Departement Lozère noch immer eines der am dünnsten besiedelten in Frankreich. Im Frühjahr be-

WAS WAR WANN?

450 000 v. Chr. Der Homo erectus lebt und jagt bereits im Roussillon

2. Jh. v. Chr. Die Römer erobern das Languedoc-Roussillon

3.–5. Jh. Einwanderung der Alemannen, Wandalen und Westgoten

719 Einnahme von Narbonne durch die Sarazenen

1112 Der Graf von Barcelona wird Herr des Languedoc

1204 Der König von Aragón herrscht über Montpellier, den Gévaudan und Millau

1209 Beginn des Kreuzzugs der katholischen Kirche gegen die Katharer, Eroberung von Béziers und Carcassonne

1250–1320 Die Inquisition löscht den Katharismus aus

1276–1344 Königreich von Mallorca, Hauptstadt ist Perpignan

1559–1598 Religionskrieg. Das Languedoc ist protestantisch

1659 Pyrenäenfrieden: Das Roussillon und die Cerdagne werden französisch

1666–1680 Bau des Canal du Midi

1702–1704 Kamisardenaufstand, Beginn des Cevennenkriegs

19. Jh. Höhepunkt der Seidenraupenzucht in den Cevennen; der Maulbeerbaum löst die Kastanie als prägende Pflanze der Region ab

1963 Beginn der touristischen Erschließung der Küste

2004 Eröffnung der höchsten Autobahnbrücke der Welt – ein Meisterwerk von Norman Foster – in Millau

ginnt die *transhumance,* der Auftrieb der Kuh- und Schafherden zu ihren Sommerweiden. Das weit verzweigte Netz der *drailles,* der seit Urzeiten von den Herden ausgetretenen Pfade, überzieht die Landschaft bis zu den Höhen des Mont Aigoual, Mont Lozère und Mont Aubrac.

Doch die Cevennen sind nicht nur Höheneinsamkeit. Ebenso berühmt wie die in den Fels geschlagene Corniche des Cévennes sind die Schluchten der Gorges du Tarn. Es gibt daneben noch andere, weniger bekannte, aber genauso wildromantische Canyons: die Gorges de la Jonte, Gorges de la Dourbie, Gorges de la Vis. Sie durchziehen und trennen die *causses,* karge, fast baumlose Kalkhochplateaus.

Die Cevennen waren von jeher ein Ort der Rebellion: Anfang des 18. Jhs. erhoben sich hier rund 3000 protestantische Kamisarden gegen die Truppen des katholischen Königs. Der Aufstand wurde erst nach blutigen Kämpfen von 30 000 königstreuen Soldaten niedergeschlagen. Während des Zweiten Weltkriegs fanden zahlreiche Widerstandskämpfer, aber auch Flüchtlinge aus Deutschland Unterschlupf in abgelegenen Cevennendörfern. Und in den 1980er-Jahren verwandelten Pazifisten und Atomkraftgegner das Larzac-Hochplateau in ein Protestlager gegen den geplanten Ausbau eines Militärstützpunkts. Nicht von ungefähr wählten Globalisierungsgegner, angeführt vom rebellischen Bauernführer José Bové, vor einigen Jahren diesen symbolträchtigen Ort für eine Massenkundgebung mit mehr als 200 000 Demonstranten.

Weiter südlich, nahe der Küste des Roussillon, liegt der 2784 m hohe Pic du Canigou. Hier sind die Abtei St-Michel-de-Cuxa am Fuß des Bergs

gegnungen mit der Bevölkerung suchen. Am Ende der Straße, die von Prades über Villefranche-de-Conflent Richtung Andorra führt, vorbei an Mont-Louis mit seinem „Sonnenofen", liegt die urige Bergwelt der Cerdagne. Sie gilt als die Wiege des

Den Hafen von La Grande-Motte säumen die typischen Pyramiden-Appartementhäuser

und die kühn auf einem Felssporn an die Bergflanke gebaute Abtei St-Martin-du-Canigou touristische Pilger-

> **Die Welt der Kastanienwälder und einsamen Bergdörfer**

ziele. Außerhalb der Badesaison, im Herbst und im Frühjahr, ist die Bergwelt des Roussillon, die Pyrénées Orientales, ein großartiges Ziel für alle, die einsame Bergnatur und Be-

katalanischen Staats. Im Sommer ist die Cerdagne ein Traumziel für Bergenthusiasten. Und wenn die Strände und Badeorte im Winterschlaf dösen, herrscht auf den Pisten der Skizentren in den Pyrenäen von Font-Romeu bis zum Puigmal Hochbetrieb.

Das Languedoc-Roussillon ist also mehr als nur ein „französisches Florida". Nehmen Sie sich die Zeit, abseits der Touristenzentren auf Entdeckungsreise zu gehen – es lohnt sich.

▶▶ WAS IST ANGESAGT?

Trends, Entdeckungen und Hotspots. Unser Szene-Scout zeigt
Ihnen, was im Languedoc-Roussillon los ist

Laurence Gueritey

Die freie Journalistin ist in Frankreich geboren
und kennt sich dort nicht nur in der Modewelt
aus, sondern weiß auch, was in der pulsieren-
den Kulturszene abgeht. Das Languedoc liegt
ihr besonders am Herzen. Als unser Szene-Scout
erkundet sie dort die neuesten Trends. Wenn
sie etwas Abstand von der Arbeit braucht, lässt
sie sich von der Landschaft und der lebendigen
Szene der Region inspirieren.

▶▶ ALTE MAUERN ROCKEN

Musik-Events

Die Menschen im Lan-
guedoc lieben die Kom-
bination von moderner
Musik in historischer Um-
gebung und legen ihre
Rockkonzerte kurzerhand
in altehrwürdige Gebäu-
de wie das *Théâtre Jean-
Deschamps (place St-Na-
zaire, Carcassonne,* Foto).
Das Theater in der mittelalterlichen Festung bie-
tet internationalen Stars
wie Placebo oder Sting
eine gewaltige Akustik unter freiem Himmel. In Montpellier sind die 1800 Plätze des
Amphitheaters *Domaine d'Ô (178, rue de la Carrièrasse)* regelmäßig ausverkauft – sicherlich wegen des einmaligen Ambiente. Nicht ganz so alt, aber ein ebenso außerge-
wöhnlicher Veranstaltungsort sind die *Arènes de Béziers (1, avenue Jean Constans, Béziers, www.arenes-de-beziers.com),* eine ehemalige Stierkampfarena. Wo früher Toreros
kämpften, finden heute bis zu 13 500 Musikbegeisterte Platz.

SZENE

▶▶ AFTERWORK

Erst die Arbeit, dann der Cocktail

Nach einem harten Tag im Büro findet man die Einwohner des Languedoc immer häufiger in den Bars und Kneipen der Region. Im *L'Oxymore Café (12, rue Boussairolles, Montpellier)* lädt die tägliche Happy Hour ab 18 Uhr zu einem ersten Drink. Ganz nach seinen Vorbildern in New York und Paris öffnet das *Artapas (1, avenue Kennedy, www.artapas. fr)* auch in Perpignan zu seinen Afterwork-Mottoabenden wie „Les Mercredis Jazz", an denen mittwochs zu entspannten Jazzklängen die Cocktailgläser erhoben werden. Im *Le Point Zero (4, quai du Verdanson, Montpellier, www. lepointzero.com)* sorgt zum Feierabend ein DJ-Programm von Reggae- bis Elektromusik für gute Stimmung. Das Afterwork-Motto wird auch in der *La Fiesta Bodega (49, avenue Henri-Goût, Carcassonne)* zelebriert. Ausgezeichnete Sangria und Livemusik gibts im *Café du Dôme (35, rue des Trois Couronnes, Carcassonne)*.

▶▶ BEACH RUGBY

Raues Spiel & weicher Sand

Die Beachvariante des Rugbys erfreut sich in der Region immer größerer Beliebtheit. An zahlreichen großen Stränden spielen Profis und Amateure regelmäßig in Tunieren um den ovalen Ball. Auf 15 x 20 m stehen sich beispielsweise am Strand von Gruissan jeweils fünf Spieler gegenüber *(Aviron Gruissanais Rugby, place du General Gibert)*. Auch am Strand von Cap d'Agde *(www.capdagde.com)* und Sérignan-Plage liegt Beachrugby voll im Trend. Bei der *Daunat Beach Rugby Tour*, die u. a. auch in Valras-Plage Station macht, treten die barfüßigen Teams im Sand gegeneinander an. Infos unter *www.ffr.fr*.

▶▶ TOUR DE LANGUEDOC

Fahrräder sind en vogue

Der Natur zuliebe kräftig in die Pedale treten ist angesagter denn je. Ein neues Radverleihsystem sorgt nun auch rund um die Uhr und 365 Tage im Jahr für eine günstige und umweltfreundliche Alternative zum Auto. In Montpellier verleiht z. B. *Vélocité Languedoc (8, rue des Orchidées, mont pellier.fubicy.org)* an 50 Stationen insgesamt 1000 Räder über ein elektronisches Guthabensystem. In Perpignan stehen immerhin 150 Bikes u. a. am Palais des Rois zur Verfügung *(BIP!, rue des Archers, www.bip-perpignan.fr, Foto)*. Die Radrouten *Voies Vertes* („grüne Routen") gehen auf die Besonderheiten der Kultur und Landschaft im Languedoc ein *(Infos und Strecken unter www.*

af3v.org). Innovativ: Im Kombiticket *Tram-bus-vélo* von Montpellier ist das Rad im Preis inklusive. Mit nur einem Ticket gehts zuerst mit dem Bus bis zum Strand und dann mit dem Leihrad weiter *(www.montpellier2008.fr/spip.php?article53).*

▶▶ WENIGER IST MEHR

Entalkoholisierter Biowein

Im Weinland Frankreich sorgt das Languedoc für gesunden Genuss. Mit ihrem roten Biowein *Le Bistro Bio* überzeugten *Les Domaines Auriol (Z. I. Gaujac, 12, rue Gustave Eiffel, Lézignan Corbières, www. saint-auriol.com, Foto)* bereits auf der Messe *Millésime BIO (www.millesime-bio.com)* ihre Kritiker. Der neueste Clou der Winzer: Qualitätswein mit reduziertem Alkoholgehalt. Die *Unité expérimentale de Pech-Rouge (Domaine de Pech-Rouge, Gruissan, www.montpellier.inra.fr)* des INRA hat verschiedene Methoden entwickelt, um dem edlen Tropfen Alkohol zu entziehen. Das Ergebnis: der *Dix de Pech Rouge*, der vier Prozent weniger Alkohol enthält als vor der *désalcoolisation.* François und Vincent Pugibet *(Domaine La Colombette, Ancienne route de Bédarieux, Béziers, nastruc.club. fr/colombette)* produzieren *Plume*, einen alkoholreduzierten Wein, der nur neun Prozent Alkohol enthält und ausschließlich aus hochwertigen Biotrauben hergestellt wird.

SKULPTURENWELTEN

Die bildenden Künste

Das intensive Licht und die Besonderheiten der Landschaft des Languedoc inspirieren bildende Künstler zu innovativen Formen. Bei Carcassonne stehen die Werke von *David Vanorbeeks (Ste-Colombe-sur-l'Hers, www. artdeev.com)* unter dem Motto „Back to Nature". Er kreiert überdimensionale Tierskulpturen aus gewundenem Draht. *Françoise Illiana Robin (www.articite.fr/Frana-Oise-Illiana-Robin)* reduziert ihre Plastiken von Menschen auf die Silhouetten. Sie zeigt ihre Arbeiten aus Sandstein in der Galerie *Atelier l'Espace Pictor (87, rue Albert Tomey, http://espace.pictor.9business.fr)* in Carcassonne.

NEUE LITERATUR

Jungautoren auf dem Vormarsch

Die Region Languedoc sagt „oui" zur Nachwuchsförderung. Der Verein *Mission Bande Dessinée en Languedoc-Roussillon (27, rue de Verdun, Montpellier, www.missionbdlr.com)* dient Illustratoren und Autoren als Plattform rund ums Thema Comic. Beim *Prix Hemingway (www.audiable.com)* und dem *Prix Lycéens Écrivains en Herbe (Hôtel de Région, 201, avenue de la Pompignane, Montpellier,* Foto*)* erntete Nachwuchsautor Grégoire Hevier für seinen Roman *Scream Test* die beste Kritik der Jury. Jungtalent Hicham Charif punktet beim Literaturwettbewerb *Prix Méditerranée (www.prixmediterranee.com)* mit dem Roman *Le Navire en Pleine Ville.*

SANDIGER SZENETREFF

All-in-One Private Beaches

In den Sommermonaten sind durchdesignte Locations mit eigenem Strand die Szene-Hotspots. Im *La Baie des Anges (Esplanade Jean Baumel, La Grande-Motte)* heißt es bereits tagsüber Füße in den Sand stecken und sich an der Beach-Bar, im Restaurant oder auf der Sonnenliege entspannen. Das in Weiß gehaltene *Carré Blanc (Chemin du Pilou, Strand von Villeneuve-lès-Maguelone, www.lecarreblanc.fr)* trumpft sogar mit einem Sternerestaurant. In der marokkanisch angehauchten Beach-Lounge *Effet Mer (Route du Grand Travers, www.effetmer.com)* und der schicken Bar *Jungle Beach (Strand Richelieu-Est, Cap d'Agde, www.jungle-beach.fr,* Foto*)* ist der Flirtfaktor besonders hoch.

> CAUSSES UND KATHARER, VIDE-GRENIER UND WEIN

Okzitanisch ist das Erbe, katalanisch die Identität: Notizen zu Sprache und Kultur, Traditionen und Natur

CANAL DU MIDI

Von Toulouse bis ins Bassin de Thau an der Küste des Languedoc zieht sich diese alte Wasserstraße. Zusammen mit dem Garonne-Seitenkanal verbindet sie den Atlantik mit dem Mittelmeer. Eine Fahrt auf dem Kanal in einem gemieteten Hausboot zählt zu den schönsten Reiseerlebnissen. Die Gesamtstrecke misst 240 km, dabei sind 64 Schleusen, 55 Aquä-dukte und 133 Brücken zu passieren. Begonnen wurde das gigantische Werk, für dessen Vollendung 12 000 Arbeiter 14 Jahre lang mit Hacke und Schaufel schufteten, 1666 auf Initiative des aus Béziers stammenden Barons de Bonrepos.

CAUSSES

Als *causses* werden die fast menschenleeren, endlosen Hochflächen

Bild: Canal du Midi

STICH WORTE

aus Kalkfels bezeichnet, die sich nordwestlich an die Cevennen an- schließen: Causse Méjean, Causse de Sauveterre, Causse Noir und Causse du Larzac. Es ist eine Welt für sich, von grandioser Einsamkeit, dabei keineswegs so abweisend, wie sie auf den ersten Blick erscheinen mag. In die bis 1000 m hohen *causses* haben Flüsse im Lauf der Jahrtausende tiefe Schluchten gegraben: Gorges du Tarn, Gorges de la Jonte, Gorges de la

Dourbie. Sie sind ebenso beeindru- ckend wie die zahlreichen Grotten der Region, z. B. Grotte de Dargilan, Aven Armand und Abîme de Brama- biau.

CORRIDA

Stierkämpfe gibt es im Amphitheater von Nîmes und in Carcassonne – sehr zum Ärger von Tierschutzver- bänden. Die Gegner der blutigen

Show schlagen schon Wochen vor der in der dritten Augustwoche stattfindenden Corrida in Carcassonne und Umgebung Hunderte von Plakaten an, in denen unter der Überschrift *Corrida – la Honte* („Corrida – eine Schande") ein Ende der „perversen Spektakel" gefordert wird.

GARRIGUE

Die *garrigue* entspricht dem *maquis* oder der *macchia* in anderen Mittelmeergebieten, wächst aber im Gegensatz zu jenen auf Kalkböden. Es ist die typische Vegetation des Bas-Languedoc, von der Küstenzone bis zu den Cevennen, sowie der Corbières und des *pays cathare*. Lavendel, Thymian und immergrüne Steineichen bilden die überwiegend buschartige, in der Sonne des Midi stark duftende *garrigue*.

KATALANISCH

Die Grenze mit Spanien ist zwar mit dem Pyrenäenfrieden 1659 zu Gunsten Frankreichs verschoben worden. Im Roussillon, einst Teil von Katalonien, ist die katalanische Tradition aber weiterhin zu spüren. Sie prägt die kulturelle Identität, etwa ein Drittel der Bevölkerung spricht noch Katalan im Alltag. Die katalanische Literatur wird weiter gepflegt. Das Gleiche gilt für Volksbräuche, die hier weit mehr als nur touristische Folklore sind: die *sardane* etwa, ein streng choreografischer Volkstanz, begleitet von der *cobla*, dem Orchester, oder die *passejada*, ein abendlicher Korso der Jugend in den Straßen der Städte des Roussillon.

KATHARER

Pays cathare, Katharerland, ist das Languedoc-Roussillon bis heute, obwohl dieser religiösen Sekte nur ein relativ kurzes Leben beschieden war. Ihre Lehre („Katharer" leitet sich vom Griechischen „die Reinen" ab) gründete auf den Worten eines Jüngers von Zarathustra, der im Persien des 3. Jhs. lebte: Während die geistige Welt des Lichts und der Schönheit Gottes Reich ist, herrscht Satan in der materiellen Welt. Im 12. Jh. fasste der Katharismus im Languedoc Fuß und wurde zu einem ernsthaften Konkurrenten für die katholische Kirche. Da die Katharer die Welt als Werk des Teufels ansahen, lehnten sie die Sakramente der katholischen Kirche, Jesus als den Erlöser und die Heiligen ab. Sie hatten eigene Bischöfe und Diakone und unterschieden sich in Eingeweihte, sogenannte *parfaits* oder *bonshommes*, und normale Anhänger, *croyants*. Da sie zuerst in der Stadt Albi hervortraten, nannte man die Katharer auch Albigenser. Die katholische Kirche sah ihre Vorherrschaft bedroht, und 1208 rief der Papst zum Kreuzzug gegen die „Ketzer" auf. Mit beispielloser Grausamkeit wurden sie verfolgt und getötet. Bei der Einnahme von Béziers gab es kein Pardon: „Tötet sie alle, der Herr wird die Seinen erkennen", rief der Kirchenmann Arnaud Amaury aus. Der Vormarsch der Kreuzzügler unter Führung des grausamen Simon de Montfort wurde mehr und mehr zum Eroberungskrieg. Mit dem Fall der Katharerburgen Montségur 1244 und Quéribus 1255 war jeder Widerstand gebrochen. Es folgte die finstere Zeit der Inquisition, viele Katharer flohen ins Ausland.

LANGUE D'OC

Die Sprache, die der Region ihren Namen gegeben hat, entstand aus dem Umgangslatein und dem gallischen Sprachfundus. Der Langue d'Oc steht die Langue d'Oïl gegenüber, unterschieden durch die harte oder weiche Aussprache des „oui". Die Grenze zwischen den Sprachbereichen verlief nördlich des Massif Central. Im Mittelalter, mit den Troubadours, erlebte die Langue d'Oc, das Okzitanische, eine Blüte. Es hat in mehreren großen Dialekten überlebt. Ähnlich wie das katalanische Erbe ist auch das Okzitanische noch heute lebendig – rund 10 Mio. Menschen des Südens verstehen bzw. sprechen die alte Sprache.

MALEREI

Das Roussillon hat in der Malerei der Moderne eine bedeutende Rolle gespielt. In Collioure wurde mit Henri Matisse und André Derain 1905 der Fauvismus, die Malerei der *fauves,* der „Wilden", geboren; in Céret weilten von 1911 bis 1913 Pablo Picasso und Georges Braque und machten das Städtchen zu einem Mekka des Kubismus, in das im Lauf der Jahre viele große Künstler pilgerten.

PAVILLON BLEU

Die Erschließung der Küsten für den Tourismus brachte eine erhebliche Umweltbelastung mit sich. Um sie im Rahmen zu halten, wurde 1985 die Aktion Pavillon Bleu d'Europe („Blaue Flagge") ins Leben gerufen. Badeorte, die das begehrte Label er-

In den Orten der „Langue d'Oc" sind die Straßenschilder zweisprachig

halten wollen, müssen dafür sorgen, dass die Strände und das Wasser sauber sind, die Küste nicht wild zugebaut und der Müll vorschriftsmäßig entsorgt wird. Im Languedoc-Roussillon haben dieses Siegel 18 Kommunen – die Region ist damit Spitzenreiter in Frankreich.

ROMANISCHE KUNST

Abgesehen von den oberen Cevennen, stößt man überall im Languedoc-Roussillon auf romanische Kirchen, Kapellen und Abteien, die oft mit wertvollen Kunstwerken – figurenreichen Kapitellen, Tympana, Kreuzgängen, Fresken oder Schmiedearbeiten – geschmückt sind. Die Romanik kam erst verhältnismäßig spät, zu Beginn des 11. Jhs., von der Lombardei ins Languedoc. Im Roussillon entwickelte sich ein sehr einheitlicher, origineller Stil, dessen reich verziertes, florales Rankenwerk mit menschlichen Figuren und phantastischen Tieren auf orientalische Wurzeln weist.

TRAMONTANE UND ÉOLIENNES

Wie im Rhônetal der Mistral, bläst von den Pyrenäen der kalte Tramontane über das Roussillon – in der Region um Perpignan durchschnittlich an 192 Tagen im Jahr. Er sorgt für frische Luft, kühlt aber oft auch das Mittelmeer ab. Dank des Tramontane hat sich das Languedoc-Roussillon zu einer Hochburg für Windenergie entwickelt. Die in mehreren Windparks gruppierten *éoliennes* (Windmühlen) produzieren fast die Hälfte der Windenergie in Frankreich.

> DAS KLIMA IM BLICK
Handeln statt reden   atmosfair

Reisen bereichert und verbindet Menschen und Kulturen. Jedoch: Wer reist, erzeugt auch CO$_2$. Dabei trägt der Flugverkehr mit bis zu 10 % zur globalen Erwärmung bei. Wer das Klima schützen will, sollte sich somit nach Möglichkeit für die schonendere Reiseform (wie z.B. die Bahn) entscheiden. Wenn keine Alternative zum Fliegen besteht, so kann man mit *atmosfair* handeln und klimafördernde Projekte unterstützen.

atmosfair ist eine gemeinnützige Klimaschutzorganisation.

Die Idee: Flugpassagiere spenden einen kilometerabhängigen Beitrag für die von ihnen verursachten Emissionen und finanzieren damit Projekte in Entwicklungsländern, die dort helfen den Ausstoß von Klimagasen zu verringern. Dazu berechnet man mit dem Emissionsrechner auf *www.atmosfair.de* wie viel CO$_2$ der Flug produziert und was es kostet, eine vergleichbare Menge Klimagase einzusparen (z.B. Berlin–London–Berlin: ca. 13 Euro). *atmosfair* garantiert, unter der Schirmherrschaft von Klaus Töpfer, die sorgfältige Verwendung Ihres Beitrags. Auch der MairDumont Verlag fliegt mit *atmosfair*.

Unterstützen auch Sie den Klimaschutz: *www.atmosfair.de*

VIA DOMITIA

Die Via Domitia, erbaut um 118 v. Chr. vom Prokonsul der Provinz Gallia Narbonensis, Gnaius Domitius Ahenobarbus, war eine der Hauptschlagadern des römischen Reichs. Als Militärstraße konzipiert, wurde sie schnell auch ein wichtiger Handelsweg zwischen Rhône und Pyrenäen. Befestigte Militärlager, Häfen und Städte wurden entlang der Straße erbaut. Die heutige Autobahn nach Spanien folgt auf mehreren Abschnitten fast exakt dem Verlauf der Via Domitia. Das *Comité Régional de Tourisme* gibt eine detaillierte Wegbeschreibung heraus.

VIDE-GRENIER

Unter diesem Motto, das „Dachboden leeren" bedeutet, laden vor allem im Sommer zahlreiche Dörfer zu Flohmärkten ein. Die Bewohner verkaufen alte Möbel, Kleider, ausgemusterte Haushaltsgeräte und Trödel aller Art. Meist ist auch für geselliges Zusammensein gesorgt: Die Flohmärkte werden oft von örtlichen Sportvereinen organisiert, die mit dem Verkauf von Paella, Cassoulet oder Grillwürstchen ihre Kasse aufbessern.

WEIN

Mit fast einem Drittel der Gesamtrebfläche ist das Languedoc Frankreichs größte Weinregion. Der Ruf, hauptsächlich billige Massenware zu produzieren, gehört für das Languedoc-Roussillon der Vergangenheit an. Seit den 1980er-Jahren wurde

mehreren Weinbaugebieten im Languedoc der AOC-Status (Appellation d'Origine Contrôlée) zuerkannt, u. a. Coteaux du Languedoc, Corbières, Minervois, St-Chinian, Cabardès und zuletzt Malepère um Carcassonne. Im Roussillon liegen die *appellations*

Von Collioure an der spanischen Grenze bis zur Rhône wird großflächig Wein angebaut

Côtes du Roussillon und Côtes du Roussillon-Villages. Die Region Languedoc-Roussillon erzeugt mit jährlich rund 300 000 hl 40 Prozent des französischen Weins und 98 Prozent der *vins doux naturels:* Muscatweine, der Wermut Noilly Prat sowie Banyuls, Maury und Rivesaltes – portweinähnliche, zumeist rote Likörweine.

ZUR CORRIDA ODER INS KONZERT?

Almauftrieb und Kuhkämpfe, Musikfestivals und Feuerwerk

> Der Festkalender des Languedoc-Roussillon ist gespickt mit lokalen Festen und Festivals aller Art. Tanz, Folklore, Theater, selbst der Karikatur und den Marionetten sind Festivals gewidmet.

OFFIZIELLE FEIERTAGE

1. Jan. *Nouvel An;* **Ostermontag** *Lundi de Pâques;* **1. Mai** *Fête du Travail;* **8. Mai** *Fin de la Guerre en Europe* (Kriegsende 1945); **Christi Himmelfahrt** *Ascension;* **Pfingstmontag** *Lundi de Pentecôte;* **14. Juli** *Fête Nationale;* **15. Aug.** *Assomption;* **1. Nov.** *Toussaint;* **11. Nov.** *Armistice* (Kriegsende 1918); **25. Dez.** *Noël*

FESTE & VERANSTALTUNGEN

Karfreitag

Bei der *Procession de la Sanch* ziehen in Perpignan die Büßer in roten oder schwarzen Kapuzen durch die Straßen. Der Brauch entstand im 15. Jh., um die zum Tod Verurteilten auf ihrem letzten Gang zu begleiten.

Anfang April

Primavera d'Elne, großer Frühlingsmarkt in Elne

Ein Sonntag um den 25. Mai

Immer ein großes Erlebnis ist die *Fête de la Transhumance,* der Almauftrieb von Aubrac in den Cevennen, bei der die bunt geschmückten Kühe und Schafe auf die Sommerweiden ziehen.

Mai/Juni

Eine Woche lang feiert Nîmes die ★ *Feria de la Pentecôte* mit Corridas in der Arena, Bällen und Konzerten.

Juni–September

Die *Joutes nautiques,* die Schifferstechen, sind farbenprächtige Spektakel, bei denen Mannschaften der Küstenorte gegeneinander antreten, zum Beispiel in Sète und Palavas-les-Flots.

Juli

Bei der *Fête de la Mer* wird am ersten Juliwochenende in Palavas-les-Flots der

> EVENTS
FESTE & MEHR

Schutzheilige St-Pierre gefeiert – mit Prozession, Weihe der Fischerboote, Schifferstechen, Feuerwerk und Tanz. Am 14. Juli erstrahlt um 22.30 Uhr beim *Festival de la Cité* das mittelalterliche Carcassonne magisch in bengalischer Beleuchtung.

Montpellier lädt in der zweiten Julihälfte zum renommierten *Festival de Musique* ein: Klassik, Jazz und zeitgenössische Musik für höchste Ansprüche. *www.festivalradiofrancemontpellier.com*

400 kostümierte Tänzer, hinreißende Musik und Kuhkämpfe sind die Hauptattraktionen beim *Festival de la Sardane* Ende Juli in Céret.

Juli/August

Ein Musikereignis von internationalem Rang ist Mitte Juli bis Mitte August das ⭐ *Festival Pablo Casals* mit berühmten Orchestern und Solisten in der Abbaye St-Michel-de-Cuxa bei Prades. Im historischen Zentrum von Perpignan gibt es jeden Donnerstagabend ==Straßentheater, Musik und Tanz== – kostenlos!

Insider Tipp

August

Beim *Tournoi de Chevalerie* von Carcassonne in der ersten Augusthälfte werden die kühnsten Ritterträume wahr. Am großen *Festival de la Sardane* in Banyuls-sur-Mer Mitte August nehmen Hunderte von Tänzern teil.

Béziers lädt um den 15. Aug. zu einer viertägigen *Feria* ein – mit Musik, Tanz, Stierkämpfen und jeder Menge Stimmung.

Im Mittelpunkt der *Fête de St-Louis* um den 25. in Sète stehen die Schifferstechenkämpfe *Joutes nautiques*. Feuchtfröhlich ist auch der große Schwimmwettbewerb auf den Kanälen der Stadt.

Anfang September

In Perpignan zeigt das Festival *Visa pour l'Image* Pressefotos aus aller Welt.

Ende Oktober/Anfang November

Suppen aller Art können Sie beim ==*Festival de la Soupe*== im Cevennenstädtchen Florac kosten.

Insider Tipp

> FEINE FRUITS DE MER UND DEFTIGES CASSOULET

Lernen Sie Spezialitäten wie *anchoïade, brandade de morue* und *crème catalane* kennen – und lieben

> **Die Vielfalt der kulinarischen Spezialitäten des Languedoc-Roussillon verbietet es, nur von einer Küche zu sprechen.**

In den Cevennen werden weltberühmte Schimmelpilzkäse wie der Roquefort (aus Schafsmilch) und der etwas mildere – und billigere – Bleu des Causses (aus Kuhmilch) hergestellt. Aus den zahlreichen Flüssen der Bergregion kommen *truites* (Forellen) und *écrevisses* (Krebse). Eine große Rolle spielen seit jeher Esskastanien und Pilze. Ohne die Kastanie hätten die Bergbewohner in Notzeiten kaum überlebt. Die *châtaigne* wird im Oktober/November gesammelt und als Beilage zu Fleischgerichten wie *garennes* (Wildkaninchen) serviert. Aus Kastanienmehl wird *pain de châtaigne* gebacken und – am besten warm – zu *foie gras* (Gänse- oder Entenstopfleber) serviert. Besonders lecker, etwa mit Quark oder Joghurt, ist süßes Kastanienpüree.

Bild: crème catalane

ESSEN & TRINKEN

Im Languedoc profitiert die Küche vom Meer und ist insgesamt mediterran geprägt. Das heißt: Kräuter wie Thymian, Rosmarin, Salbei, Estragon, Basilikum, die größtenteils wild in der kargen *garrigue* wachsen, werden zum Verfeinern der Speisen ebenso verwendet wie Olivenöl. Das Meer liefert (noch) eine Fülle frischer Fische, Muscheln und Schaltiere. *Anchois* (Sardellen) und Sardinen sind besonders beliebt. *Huîtres* (Austern) werden auf den Bänken von Bouzigues bei Sète gezüchtet. An der Küste treffen Sie immer wieder auf Verkaufsstände, an denen Sie Meeresfrüchte probieren können: *dégustation de fruits de mer.* Roh oder gekocht, mit Knoblauch und Petersilie gewürzt, isst man die *tellines,* kleine Muscheln, deren feines Fleisch köstlich schmeckt.

Fleischfreunden ist *bœuf à la gardianne* (oder *gardianne de toro*) zu empfehlen: Das Rindfleisch wird mehrere Stunden in eine Marinade mit Kräutern gelegt und dann geschmort. Ein traditionelles Gericht ist *cassoulet.* Es gibt drei Rezepte, kreiert in Toulouse, Castelnaudary und Carcassonne. Alle drei haben als Hauptbestandteil weiße Bohnen, die Unterschiede liegen in der Wahl der Zutaten. Das *cassoulet* von Castelnaudary gilt als das authentischste, vielleicht deshalb, weil in der Umgebung der Stadt die ideale weiße Bohne für das Gericht wächst. Sie ist länglich, fleischig, cremig und hat eine feine Haut, durch die das Aroma der Zutaten gut eindringen kann.

Im Roussillon ist die Küche bereits stark katalanisch geprägt. Die weite Küstenebene südlich von Perpignan ist ein einziger Obst- und Gemüsegarten. Man erntet Spargel, verschiedene Artischockenvarianten, Kopfsalat, Erbsen. Fisch und Mee-

> **SPEZIALITÄTEN**
Genießen Sie die typisch südfranzösische Küche!

aïoli – Knoblauchmayonnaise
anchoïade – Creme aus Sardellen mit Knoblauch und Olivenöl, in die man Gemüse dippt; köstlich als Vorspeise
bouillade – Fischsuppe mit *el pa y all,* Brotscheiben, die mit Knoblauch eingerieben und mit Olivenöl beträufelt sind
bourride – Fischsuppe oder Fischragout mit *aïoli*
brandade de morue – cremiges Stockfischpüree mit Olivenöl

braou bouffat – Wurstbrühe mit Kohl, Reis und Nudeln

cargolade – Schnecken mit gewürztem Speck, Würsten, Lammkoteletts und *aïoli,* typisches Gericht bei ländlichen Festen
cassoulet – Bohneneintopf, mit *confit de canard,* Schweine- oder Lammfleisch lange in Gänsefett geschmort (Foto)
confit de canard/d'oie – im eigenen Fett eingemachtes Enten- bzw. Gänsefleisch
crème catalane – mit Zucker gratinierte, dickflüssige Vanillecreme
escuedella – katalanischer Eintopf mit Rindfleisch oder gefülltem Truthahn, Eiern und Gemüse
ouillade – Eintopf aus Kohl und anderen Gemüsen sowie Speck
perdreau à la catalane – junges Rebhuhn mit Tomatenvierteln, Knoblauchwürsten und Oliven
tapenade – feines Püree auf der Basis von schwarzen Oliven, Olivenöl und Gewürzen
tortilla – aus Spanien importiertes Kartoffelomelett, oft mit Tomaten, Paprika, Oliven und anderem Gemüse verfeinert

resfrüchte spielen ebenfalls eine große Rolle.

Am besten trinken Sie im Languedoc-Roussillon natürlich einen Wein der Region, in der Sie sich gerade befinden. In der Gegend von Nîmes einen Côtes du Rhône, im Languedoc einen Coteaux du Languedoc. Im Minervois, in den Corbières, werden sehr gute Rot-, Rosé- und Weißweine ausgeschenkt. Die Blanquette de Limoux wird in Frankreich so geschätzt wie mancher Champagner. Die Côtes du Roussillon, das südlichste Weingebiet Frankreichs, haben in jüngerer Zeit generell an Qualität zugelegt. Bei der Wahl des passenden Weins gibt es so gut wie keine Enttäuschung, denn jedes Restaurant schenkt zumindest einen angenehmen, preiswerten Tropfen aus.

Das Frühstück *(petit déjeuner)* besteht in den meisten Hotels häufig nur aus einem Stück Baguette, Croissants, Butter und Konfitüre sowie Kaffee oder Tee. Mittags wird in Restaurants zwischen 12 und 14 Uhr das *déjeuner* serviert, meist ein Menü aus drei Gängen. Das Abendessen *(dîner)* fällt in die Zeit zwischen 19 und 22 Uhr. Mit den Wartezeiten zwischen den Gängen dauert es selten weniger als eineinhalb bis zwei Stunden. Wenn Sie à la carte bestellen, müssen Sie bei gleicher Anzahl von Gängen mit einem um mindestens 30 Prozent höheren Endpreis rechnen als bei einem Menü. Allerdings können Sie ohne Weiteres auch nur eine Vorspeise und ein Hauptgericht wählen. Viele Restaurants, auch teure Schlemmerlokale, bieten mittags preisgünstige Tagesgerichte *(plat du jour)* an. Unter dem Label

Einen einladend gedeckten Tisch werden Sie überall finden

„Bistrot de Pays" *(www.bistrotde pays.com)* haben sich kleine Restaurants zusammengeschlossen, die Wert auf typische Regionalküche legen. In der Stadt und in den großen Badeorten haben Sie die ganze gastronomische Palette, neben dem Restaurant die Crêperie, das Bistro, die Brasserie, dazu Fastfoodlokale und Pizzerien.

In Frankreich ist es üblich, dass die Bedienung den Gästen einen Tisch zuweist, wobei Sie natürlich eigene Wünsche äußern können. Telefonische Tischbestellung empfiehlt sich vor allem abends bei vielen Restaurants. Die Bedienung ist im Preis enthalten, man lässt aber je nach Zufriedenheit einen Betrag von ca. fünf bis zehn Prozent als Trinkgeld auf dem Tisch liegen.

KULINARIA UND KUNSTHANDWERK
Vom provenzalischen Norden der Region bis zum katalanischen Süden gibt es ein vielfältiges Angebot

> Kulinarisches, traditionelles Kunsthandwerk oder edle Weine – bei der Suche nach einem Mitbringsel haben Sie die Qual der Wahl. Und in den Einkaufsstraßen von Montpellier, Narbonne oder Perpignan konzentrieren sich schicke Modeboutiquen und Designerläden mit Wohnaccessoires. Die Öffnungszeiten sind nicht einheitlich geregelt. Wochentags sind die meisten Läden von 9 bis 12.30 und von 14 bis 19 Uhr geöffnet. Einige Geschäfte sowie Supermärkte sind oft durchgehend und meist auch am Sonntagvormittag geöffnet. Dafür ist besonders in kleinen Orten der Montag für den Einzelhandel Ruhetag. In der Ferienzeit wird von dieser Regel öfters abgewichen.

ESPADRILLES
Flach oder hochhackig, mit farbenfrohen Streifen, Blümchenmuster oder Strass: Die traditionelle katalanische Stoffsandale erlebt zumindest bei jungen Frauen ein Comeback. Zumeist kommt das leichte Schuhwerk aus China und anderen Billigimportländern. Doch in St-Laurent-de-Cerdans im Vallespir-Tal direkt an der spanischen Grenze hat eine Espadrilles-Werkstatt überlebt. Bei *Vallespir Pied Léger* nähen ein knappes Dutzend Frauen die Sandalen aus festem Baumwolltuch und Sisalschnursohlen nach hergebrachter Art zusammen. Zu den klassischen, flachen Stoffschuhen gesellen sich heute modische Designermodelle.

KUNSTHANDWERK
In den Fremdenverkehrsorten und den Zentren von Montpellier, Perpignan, Narbonne oder Carcassonne gibt es viele kleine Läden, die Kunsthandwerk anbieten: schöne Töpferwaren, originellen Schmuck, handgeflochtene Körbe, Stoffe mit traditionellen provenzalischen oder katalanischen Mustern und dergleichen. Auch auf den Wochenmärkten finden Sie kunsthandwerkliche Produkte.

MÄRKTE
Über den Wochenmarkt in einem der Städtchen und Dörfer zu bummeln ist

> EINKAUFEN

immer ein Vergnügen. Hier finden sich all die Produkte, denen die französische Küche ihren guten Ruf verdankt. Kleine Produzenten mit wenigen Produkten sind besonders zu empfehlen, denn sie beziehen ihr Gemüse, Geflügel oder den Käse garantiert nicht über den Großhandel. Das gilt auch für Spezialitäten wie verschiedene Honigsorten, den Edelpilzkäse Bleu des Causses, Gewürze, eingemachte Esskastanien, Wurstwaren und die Weine der Region. Hier findet man zuweilen auch ein Souvenir, sei es ein geflochtener Korb, Keramikwaren oder anderes regionales Kunsthandwerk. In der Hochsaison finden in den Badeorten täglich Märkte statt. Beliebt sind auch die Handwerksmärkte, die abends zum Teil bis Mitternacht abgehalten werden.

MUSIK

Die große Popularität des katalanischen Volkstanzes *sardane* hat dazu geführt, dass die dazugehörigen Orchester, die *coblas,* über die Grenzen des Languedoc-Roussillon hinaus bekannt geworden

sind. Von ihrer hinreißenden Musik sind zahlreiche CDs auf dem Markt, etwa von der großartigen *Cobla Millenaria* oder der *Cobla Perpinya* („Les plus belles années sardanes").

SUPERMÄRKTE

Für den (Familien-)Großeinkauf sind die riesigen Supermärkte *(hypermarchés)* an den Stadträndern gute Einkaufsquellen. Das Sortiment an günstigen Markenartikeln ist im Allgemeinen sehr groß, und meist findet man in den Regalen auch regionale Produkte.

WEIN

Zum Weinkauf laden zahllose *caves* (Kellereien), *coopératives* und *viticulteurs* (Winzer) ein. Liebhaber folgen den Weinrouten von den Costières de Nîmes über die Coteaux du Languedoc bis hinunter nach Banyuls. Besondere Mitbringsel sind die in schöne Flaschen gefüllten *vins doux naturels,* also natursüße Weine wie der Muscat de Rivesaltes oder der rote, süße Banyuls.

> ALTES KULTURLAND

Weinberge und 2000 Jahre Zivilisation zwischen Nîmes, Montpellier, Narbonne und Carcassonne

> **Das Languedoc hat historisch gesehen keine fest umrissenen Grenzen. Als Land des Oc, der alten okzitanischen Sprache, erstreckt es sich vom Rhônetal bis zur Garonne bei Toulouse. Hier liegen die historischen Städte Nîmes, Montpellier, Béziers und Carcassonne.**

Die Hauptschlagader des modernen Verkehrs, die Autobahn La Languedocienne, folgt entlang der Küste der über 2000 Jahre alten römischen Via Domitia, die das Reich mit der Iberischen Halbinsel verband. Mit La Grande-Motte, dem Paradebeispiel einer futuristischen Ferienstadt am Meer, und den anderen Badeplätzen aus der Retorte wurde dieser Küstenstrich mit seinen kilometerlangen Sandstränden für den Massentourismus erschlossen. Entdeckungen können Sie im Hinterland machen, in den Dörfern der *garrigue* bei Nîmes, im Parc Naturel Régional du Haut-Languedoc mit seinen Schluchten und

Bild: Place de la Comédie in Montpellier

LANGUEDOC

Bergen nördlich von Béziers und in der Montagne Noire bei Carcassonne.

BÉZIERS

[125 F2] **Die Stadt (71 000 Ew.) am Fluss Orb, den hier der Canal du Midi kreuzt, ist (15 km) kein ausgesprochenes Touristenziel.** Sie gilt als Hauptstadt des Languedoc-Weins und hat nichts Neumodisches an sich. Schön auf einem Hügel über dem Orb gelegen, thront Béziers inmitten von Weinbergen. Der Pont Vieux und darüber die Kathedrale St-Nazaire bilden ein perfektes Postkartenmotiv, wenn man von Narbonne kommt. Das Zentrum der Stadt bilden die schattigen Allées Paul-Riquet und die Place Jean-Jaurès.

■ SEHENSWERTES

CATHÉDRALE ST-NAZAIRE
Der wehrhafte Bau mit seinen wuchtigen Türmen stammt aus dem 12. bis

14. Jh. Die schöne Fensterrose in der Westfassade misst 10 m im Durchmesser. Das Innere hat Elemente aus verschiedenen Epochen: einen Chor mit Fresken des 14. Jhs., einen Barockaltar und eine reich verzierte Orgel des 17. Jhs. Von der ⚘ Terrasse

Epochen ausgezeichnet zur Geltung: darunter griechische Amphoren, Töpferwaren, Keramiken und der *Trésor de Béziers,* drei große, ziselierte Silberteller aus dem 1./2. Jh. *Rampe du 96ème | Di–So 9–12 und 14–17, Juli/Aug. 10–18 Uhr*

Wehrhafte Gotik und Zinnen wie bei einer Burg: Kathedrale St-Nazaire in Béziers

im *Jardin des Évêques* bei der Kirche haben Sie einen schönen Ausblick.

MUSÉE DES BEAUX-ARTS
Untergebracht in zwei alten Bürgerhäusern, mit bedeutenden Gemäldesammlungen. *6, place de la Révolution | Di–So 9–12 und 14–17, Juli/Aug. 10–18 Uhr*

MUSÉE DU BITERROIS
In der Kaserne St-Jacques von 1702 kommen die Sammlungen von Funden der Region aus verschiedenen

■ ESSEN & TRINKEN
LA RAFFINERIE
Auf der einladenden Terrasse am Canal du Midi genießt man eine kreative, mediterran geprägte Küche. *14, avenue Joseph-Lazare | Tel. 04 67 76 07 12 | Sa-Mittag, So und Mo geschl. | €€*

■ ÜBERNACHTEN
HÔTEL DES POÈTES 🌐
Im Herzen der Stadt, gegenüber dem romantischen Parc des Poètes, 14 geschmackvoll eingerichtete Zimmer.

80, allées Paul Riquet | Tel.
04 67 76 38 66 | Fax 04 67 76 25 88
| www.hoteldespoetes.net | €

■ AUSKUNFT ■

29, avenue St-Saëns | Tel.
04 67 76 84 00 | Fax 04 67 76 50 80 |
www.beziers-tourisme.fr

■ ZIELE IN DER UMGEBUNG ■

ABBAYE DE FONTCAUDE [125 F2]

Die einst bedeutende, 1154 gegründete Abtei 18 km nordwestlich von Béziers wurde in den Religionskriegen zerstört. Erhalten sind Teile der Kirche, des Kreuzgangs und des Kapitelsaals. *Führungen tgl. außer So vormittags 10–12 und 14.30–17.30, Juli/Aug. 10–19, Juni/Sept. 10–12 und 14.30–19 Uhr | www.abbaye-de-fontcaude.com*

ÉCLUSES DE FONSÉRANES [125 F2]

Auf der Nationalstraße N 9 Richtung Narbonne gelangen Sie nach ungefähr 4 km zu den Neuf Écluses, den neun Schleusen am Canal du Midi, die als großartige, 312 m lange Treppe einen Höhenunterschied von 25 m ausgleichen. Heute ist eine parallele, neuere Schleuse in Dienst.

OPPIDUM D'ENSÉRUNE ✲ [125 F2]

Die hochinteressante frühgeschichtliche Stadtanlage (ab 6. Jh. v. Chr.) liegt 12 km südwestlich von Béziers auf einem 120 m hohen Hügel, von dem Sie einen schönen Rundblick haben. Ausgrabungen brachten Grundmauern von Häusern und der Stadtmauer zu Tage, in einem *Museum* sind zahlreiche Fundstücke wie Haushaltsgeräte, Kultgegenstände, Waffen, Geld usw. zu sehen. *Mai bis Aug. tgl. 10–19, April/Sept. Di–So 10 bis 12.30 und 14–18, Okt.–März Di bis So 9.30–12.30 und 14–17.30 Uhr | www.oppidumdenserune.com*

PARC NATUREL RÉGIONAL DU HAUT-LANGUEDOC ★ [125 D–F1]

Das Naturschutzgebiet beginnt etwa 60 km nordwestlich von Béziers. Es umfasst auf 1450 km² die Monts de l'Espinouse, die Monts de Lacaune und einen Teil der Montagne Noire mit ihrem höchsten Gipfel, dem 1210 m hohen Pic de Nore und den beeindruckenden Tropfsteinhöhlen von Limousis und Cabrespine.

Von Béziers führt ein schöner Ausflug in die waldreiche Bergregion mit der größten Population von Mufflons

MARCO POLO HIGHLIGHTS

★ **Parc Naturel Régional du Haut-Languedoc**
Bergseen und Wälder im Reich der Mufflons (Seite 33)

★ **Nîmes**
Schön im Einklang mit dem südlich-temperamentvollen Leben der Stadt stehen die Höchstleistungen römischer Baukunst (Seite 47)

★ **La Cité**
Die mauer- und türmebewehrte Altstadt von Carcassonne (Seite 38)

★ **Pont du Gard**
Der römische Aquädukt ist gebaut wie für die Ewigkeit (Seite 51)

★ **St-Guilhem-le-Désert**
Bergdorf in herrlicher Lage (Seite 47)

(Wildschafen) in Europa, mit Bergseen und Schluchten. Richtung Bédarieux erreichen Sie über Hérépian den Thermalort *Lamalou-les-Bains* mit seinen Belle-Époque-Villen. Von hier aus können Sie einen Ausflug auf den *Pic de la Coquillade* (696 m) machen, zum ✲ *Mont Caroux* (1040 m) mit Orientierungstafel oder zum *Fôret des Écrivains-Combattants* mit einem Denkmal für 560 im Ersten Weltkrieg gefallene Schriftsteller.

VALRAS-PLAGE   [122 B5]
Der gemütliche Badeort 10 km südlich von Béziers (3600 Ew.) ist besonders kinderfreundlich. Auf 4 km Länge erstreckt sich der feine, bewachte Sandstrand, der täglich gesäubert wird, ein Tummelplatz für Burgenbauer, Strandgymnastik und Beachvolleyball. Im Osten, am linken Ufer des Orb, liegt eine ursprüngliche, geschützte Küstenstrecke mit Dünen und einem unbewach-

Insider Tipp

ten Strand. Auskunft: *place René Cassin* | *Tel. 04 67 32 36 04* | *Fax 04 67 32 33 41* | *www.valras-plage.net*

CAP D'AGDE
[122 C5] Der bedeutende Badeort, 1970 geschaffen, liegt sehr schön an Sandstränden, die sich über 14 km erstrecken. In einem künstlichen Binnensee mit Zugang zum Meer wurden acht Yachthäfen und mehrere Inseln angelegt, eingerahmt von pastellfarbenen, niedrigen Häusern im Stil des Languedoc. Um den sich nördlich anschließenden Port-Narbonne gruppieren sich die Feriendörfer der europäischen Metropole der Naturisten.

◼ SEHENSWERTES ◼◼◼◼◼
AQUARIUM
Allerlei Meeresbewohner wimmeln in den rund 30 Becken des Aquariums, darunter Muränen und Haie. *11, rue des Deux Frères* | *Sommer tgl. 10–23 Uhr*

Viel Platz für Freizeitskipper: der großzügige Yachthafen von Cap d'Agde

B62285

LANGUEDOC

FALAISES VOLCANIQUE
Die Klippen der Küste bei der *Plage de la Grande Conche* sind vulkanischen Ursprungs, sie entstanden vor rund 900 000 Jahren.

FORT DE BRESCOU
Zu dem im 17. Jh. nach Plänen des französischen Festungsbaumeisters Sébastien de Vauban auf einer Vulkaninsel errichteten kleinen Fort pendeln im Sommer Ausflugsboote von Cap d'Agde und Grau d'Agde.

MONT ST-LOUP ❄
Von dem 113 m hohen Vulkanberg haben Sie eine prächtige Aussicht auf Cap d'Agde, die Küste und den Étang de Thau.

MUSÉE DE L'ÉPHÈBE
Das einzige Museum an der französischen Mittelmeerküste, das sich archäologischen Funden aus dem Meer, aus Seen oder auch Flüssen widmet. Prunkstück ist die Bronzestatue des schönen griechischen Jünglings, die 1964 von Tauchern aus dem Fluss Hérault geborgen wurde. *Mas de la Clape | tgl. 9.30–19 Uhr*

▰ ESSEN & TRINKEN ▰
LE REPAIRE DE L'ESPADON
Während Sie Meeresfüchte oder ein Fischgericht genießen, erfreut sich das Auge an der Flotte der Segelboote im Hafen. *24, quai di Dominico | Tel. 04 67 62 54 81 | im Sommer tgl. | €€*

▰ EINKAUFEN ▰
Von Mitte Juni bis September finden in Cap d'Agde große Märkte statt: montags auf der *Mail de Roche-longue,* dienstagvormittags am *Avant-Port,* mittwochvormittags auf der *Place du Barbecue,* samstagvormittags auf dem *Parking du Gévaudan.* Einen Trödelmarkt gibt es sonntagvormittags am *Quai de la Trinquette.*

▰ ÜBERNACHTEN ▰
Die Auswahl ist riesig bei mehr als 100 000 Betten in Hotels, Ferienhäusern und -wohnungen sowie *Résidences de Tourisme.* Campingfreunden seien besonders die schönen Plätze im benachbarten Grau d'Agde empfohlen.

CAPAO
Zum Strand sind es nur ein paar Schritte. Das gepflegte, komfortable Hotel mit schönen Gartenanlagen hat außerdem zwei Pools, ein Fitnessstudio mit Sauna und Jacuzzi, ein gutes Restaurant, Bar etc. *55 Zi. | plage Richelieu Centre | Tel. 04 67 26 99 44 | Fax 04 67 26 55 41 | www.capao.com | €€–€€€*

LES GRENADINES
Das komfortable Hotel liegt ruhig nahe der Plage Richelieu: geräumige Zimmer mit Balkon, Swimmingpool. *20 Zi. | plage Richelieu Ouest | Tel. 04 67 26 27 40 | Fax 04 67 26 10 80 | www.hotelgrenadines.com | €€–€€€*

▰ SPORT & STRÄNDE ▰
BADEN
Zu den feinen, 14 km langen Sandstränden führen Fußwege, genannt *ramblas.* Am meisten Betrieb herrscht an der *Plage du Mole.* Die *Plage Richelieu* mit ihren Abschnitten Richelieu Ouest, Centre und Est ist der größte Strand. Die *Plage de la Grande*

CAP D'AGDE

Conche unterhalb der Klippen *(falaises)* besteht aus schwarzem Sand. An den Stränden gibt es Leihstationen für Surfbretter und Tretboote, Kinderspielplätze, Duschen und WC.

BOOTSVERLEIH
Außer Jollen und Katamaranen kann man auch ohne Bootsführerschein Motorboote mieten und auf einer **Insider Tipp** schönen **Tagestour übers Meer** bis nach Grau d'Agde, von dort den pen auf dem *Sentier sous-marin,* ob auf eigene Faust oder besser noch mit sachkundiger Führung, im Sommer ab dem Aquarium. Auskunft beim Umweltschutzverband *Société de Protection de la Nature (plage de la Grande Conque | Tel. 04 67 01 60 23)* und beim *Office du Tourisme.*

▰ AM ABEND ▰
Auf der *Île de Loisirs* in der Wasserwelt der Binnenhäfen finden sich ne-

Cap d'Agde im Sommer: Volle Strände prägen das Bild in der Hauptsaison

Fluss Hérault hinauf bis nach Agde und weiter auf dem Canal du Midi und zu den Austernbänken im Bassin de Thau schippern. *Loca Sud | 4, quai de la Trirème | Tel. 04 67 94 04 52*

Insider Tipp SCHNORCHELN
Ein besonderes Erlebnis sind Schnorchelausflüge entlang der Vulkanklip-

ben Restaurants und Bars das Kasino, Diskotheken, Kinos und der *Luna Park (tgl. ab 20.30 Uhr)* mit vielen Attraktionen.

▰ AUSKUNFT ▰
Bulle d'Accueil | Tel. 04 67 01 04 04 | Fax 04 67 26 22 99 | www.capdagde.com

> *www.marcopolo.de/languedoc*

LANGUEDOC

◼ ZIELE IN DER UMGEBUNG ◼

AGDE [122 C5]

Von der Brücke an der Einmündung des Canal du Midi in den Hérault hat man den besten Blick auf das 5 km landeinwärts gelegene Städtchen (17 500 Ew.), das seinen Namen der griechischen Glücksgöttin Agathe Tyche verdankt. Mediterrane Helligkeit fehlt allerdings: Die Häuser sind aus Lavastein gebaut, wie auch die Kathedrale *St-Étienne* (12. Jh.) mit ihrem 35 m hohen Turm. Das *Musée Agathois (5, rue de la Fraternité | Sommer tgl. 10–12 und 14–19.15 Uhr)* informiert über die Geschichte der Ende des 10. Jhs. von griechischen Seefahrern gegründeten Stadt und zeigt eine Sammlung griechischer Amphoren. Lohnend ist ein Bummel durch die Altstadt mit ihren verwinkelten Gassen und schönen Bürgerhäusern aus dem 16.–18. Jh. Ein beliebter Treffpunkt ist die *Casa Pépe (29, rue Jean Roger | Tel. 04 67 21 17 67 | tgl. | €–€€).* Le Numéro Vin *(place de la Marine | Tel. 04 67 00 20 20 | Mi-Mittag und Sa bis Mo geschl. | €–€€)* bietet an die 90 ausgesuchte Weine und schmackhafte Regionalgerichte an, die Sie bei schönem Wetter in einem Garten unter Olivenbäumen genießen können. Reservieren!

PÉZENAS [122 C4]

Das Städtchen (7600 Ew.) 25 km nordwestlich von Cap d'Agde trug einst den Beinamen „Versailles du Languedoc", weil der Prinz Conti hier ab 1660 Adlige, Künstler und Schriftsteller an seinem Hof versammelte, darunter einen gewissen Jean-Baptiste Poquelin, genannt Molière,

der mit seiner Schauspieltruppe von 1650 bis 1656 hier lebte und arbeitete. Stadtpaläste wie das *Hôtel de Malibran, Hôtel de Wicque, Hôtel de Lacoste* oder *Hôtel d'Alfonce* erinnern an die Glanzzeit von Pézenas. Preisgünstige Regionalküche mit einem exotischen Touch serviert das *Le Palmier (10, rue Mercière | Tel. 04 67 09 42 56 | Sommer tgl. | €–€€).*

SÈTE [122 C4]

Trotz seiner Industrie- und Hafenanlagen ist Sète (40 000 Ew., 23 km nordöstlich) einen Besuch wert. Bunt und mediterran präsentiert sich die Häuserfront am *Canal de Sète.* Sète ist der größte französische Fischereihafen und zweitwichtigster Handelshafen am Mittelmeer – und Geburtsstadt der Literatur- und Chansongrößen Paul Valéry (1871–1945) und Georges Brassens (1921–1981), denen die Stadt mit dem *Musée Paul-Valéry (Mi–Mo 10–12 und 14–18 Uhr)* und der *Espace Brassens (Sommer tgl. 10–12 und 14–19 Uhr)* angemessene Erinnerungsstätten geschaffen hat. Über die Promenade da la Corniche und die Avenue du Tennis kommen Sie auf den *Mont St-Clair* und zum ☀ *Parc Panoramique* mit Spazierwegen und Orientierungstafel. Als bestes Fischrestaurant gilt *La Palangrotte (quai de la Marine | Tel. 04 67 74 80 35 | Juli/Aug. tgl., sonst So-Abend, Mi-Abend und Mo geschl. | €€).* Urige Atmosphäre abseits vom Touristenrummel herrscht bei den *Demoiselles Dupuy (4, quai Maximin-Licciardi | Tel. 04 67 74 03 46 | Mo–Do mittags geschl. | €€),* wo Sie bis 23 Uhr tagesfrische Fische und Schaltiere zu essen bekommen.

CARCASSONNE

[124–125 C–D2–3] **Die Stadt der 38 Türme hat nicht ihresgleichen. Mit heute rund 43 000 Ew. ist Carcassonne zwar wesentlich größer als je zuvor, aber immer noch beherrscht die mauer- und türmebewehrte mittelalterliche Cité die Stadt.** Sie wird von einem doppelten Ring aus 1700 bzw. 1300 m langen Mauern umschlossen. Dahinter liegen mittelalterliche Häuser in verwinkelten Gassen mit zahlreichen Souvenirläden, Restaurants, Cafés, Hotels und stimmungsvollen Plätzen. Im Sommer gibt es mehrere Führungen. Besonders beeindruckend sind die mittelalterlichen Ritterspiele im großen Freilichttheater der Cité im Juli und August. Die *Ville Basse,* das „normale" Carcassonne auf der anderen Seite des Flusses Aude, wurde unter Ludwig dem Heiligen als schachbrettartig angelegte Bastide erbaut.

◼ SEHENSWERTES ◼

LA CITÉ ⭐

 KARTE IN DER HINTEREN UMSCHLAGKLAPPE

Man betritt die mittelalterliche *Cité* am besten durch den Haupteingang, die *Porte Narbonnaise* (Ende 13. Jh.). Sie wird von zwei Türmen flankiert, im rechten liegt in einem schönen Saal das Touristenbüro. Im *Château Comtal (April–Sept. tgl. 10–18.30, sonst 9.30–17 Uhr)* am Ende der Rue Cros-Mayrevieille wohnten die Trencavels, Vizegrafen von Béziers und Carcassonne. Empfehlenswert sind die 40-minütigen Führungen. Entlang der Stadtmauer westlich des Château gelangen Sie zu den Türmen *Tour de la Justice, Tour de l'Inquisi-*

tion und *Tour Carrée de l'Évêque.* Daneben steht die *Basilique St-Nazaire.* Vom ersten Bau, geweiht 1096, ist das Schiff erhalten.

MUSÉE DES BEAUX-ARTS

Gemälde flämischer und holländischer Meister des 17./18. Jhs. und eine schöne Fayencesammlung. *Ville Basse | 1, rue de Verdun | Mitte Juni bis Mitte Sept. tgl. 10–18, sonst Di bis Sa 10–12 und 14–18 Uhr*

◼ ESSEN & TRINKEN ◼

LE CLOS DES FRAMBOISIERS

In der *Ville Basse,* etwas versteckt hinter der Bahnlinie, unweit vom Hafen des Canal du Midi. Bei schönem Wetter können Sie im Garten essen, am Rand eines Pools. Solide Regionalküche mit frischen Saisonprodukten, freundlicher Service. Reservieren! *68, rue des Framboisiers | Tel. 04 68 47 41 17 | Sa-Mittag und So/Mo geschl. | €€*

AU JARDIN DE LA TOUR

Eine erstklassige Adresse mitten in der Cité: liebevoll zubereitete Regionalgerichte, die Sie im Sommer im Garten genießen können – im Schatten unter einem Berberzelt. Reservieren! *11, rue Porte d'Aude | Tel. 04 68 25 71 24 | So/Mo geschl. | €€*

◼ ÜBERNACHTEN ◼

CHÂTEAU DE CAVANAC

29 sehr schöne Zimmer im Stil des 17. Jhs., ein uriges Restaurant in einem ehemaligen Pferdestall, schattige Terrasse. Mit eigenen Weinbergen, Pool, Sauna, Fitnessraum und nur 3 km vom nächsten Golfplatz entfernt. *5 km südl. in Cavanac*

(D 204) | *Tel. 04 68 79 61 04 | Fax 04 68 79 79 67 | www.chateau-de-ca vanac.fr | €€ – €€€*

HÔTEL DE LA CITÉ

Das einzige Viersternehotel der Stadt liegt in der Cité. Die 40 Zimmer und

■ ZIELE IN DER UMGEBUNG ■■■

CHÂTEAUX DE LASTOURS   [125 D2]

Fast gespenstisch ist der Anblick der vier dicht beieinander stehenden Burgruinen 18 km nördlich vor dem Hintergrund der kargen Montagne Noire. Beim Kreuzzug gegen die Ka-

Nicht zu übersehen: die Skulptur La Dame Carcas in der Cité von Carcassonne

21 Suiten, einige mit eigenem Gärtchen, wurden erst kürzlich renoviert. Dazu gehört das *La Babacane (Di/Mi geschl.),* dem die Michelintester einen Stern zuerkannt haben. *Place Auguste-Pierre Pont | Tel. 04 68 71 98 71 | Fax 04 68 71 50 15 | www.hoteldela cite.fr | €€€*

■ AUSKUNFT ■■■■■■■■■■

28, avenue de Verdun | Tel. 04 68 10 24 30 | Fax 04 68 10 24 38 | www.carcassonne-tourisme.com

tharer konnte Simon de Montfort die Burgen nicht einnehmen. Die beste Aussicht bietet sich vom ✹ Belvedere. Fahren Sie aus dem Dorf Lastours Richtung Salsigne, auf der Höhe rechts ab.

MINERVE   [125 E2]

Das besonders schöne und entsprechend viel besuchte Dorf (100 Ew.) hat der Weinregion Minervois ihren Namen gegeben. Es liegt am Südrand der Montagne Noire, am Flüsschen

Cesse, etwa 50 km nordöstlich von Carcassonne.

In der *Église St-Étienne* (9. Jh.) steht ein Altar aus weißem Marmor von 456, der älteste bekannte in Europa. Das *Musée Municipal (März bis Okt. tgl. 10–13 und 14–18 Uhr)* besitzt eine bedeutende Fossiliensammlung. Versäumen Sie auf den Spuren der Katharer nicht, im *Musée Hurepel (Juli/Aug. tgl. 10–13 und 14 bis 19, April–Juni und Sept./Okt. 10.30–12.30 und 14–18 Uhr)* vorbeizuschauen: In Figurinen ist das Epos der Katharer dargestellt. Ein hübscher Spaziergang führt um den Ort, zur Ruine des *Château* und zu den *Ponts naturels,* wo die Cesse sich imposante Tunnel in den Kalkfels gegraben hat. Gute Regionalküche bekommen Sie im *Relais Chantovent (17, Grand'Rue | Tel. 04 68 91 14 18 | So-Abend und Mo geschl. | €–€€)* mit Blick auf die Cesse.

LA GRANDE-MOTTE

[123 E3] **Diese von den Pyramiden inspirierte Feriengroßstadt kann an die 100 000 Urlauber aufnehmen.** Der Bau wurde 1966 begonnen und zwei Jahre später für die ersten Touristen eröffnet. Bis heute wird weitergebaut. An alles ist gedacht: Yachthafen, Wassersporteinrichtungen aller Art, Golf- und Tennisplatz, Thalassotherapie, Einkaufszentrum, Post usw. Zwar dominiert hier die Hochhausarchitektur, dahinter liegen aber auch Villen im provenzalischen Stil mit Innenhöfen. In die Kunststadt wurde viel Beton gegossen, doch auch an Grünflächen dachten die Planer: Im Lauf der Jahre wurden 195 ha öffentliche Grünflächen angelegt und über 28 000 Bäume gepflanzt. Rund 20 km Spazier- und Radwege führen in jeden Winkel des Orts. Wer will, kann das Auto den ganzen Urlaub über stehen lassen.

■ ESSEN & TRINKEN

ALEXANDRE

Mit Blick auf den Hafen und das Meer genießen Sie eine saisonale Küche in Topqualität und -zubereitung. Mittagsmenü mit Vorspeisenbuffet und Grillgerichten. *345, esplanade Maurice Justin | Tel. 04 67 56 63 63 | Mo geschl. | www.alexandre-restaurant.com | €€–€€€*

L'ESTRAMBORD

Schöne Terrasse mit Blick auf den Hafen, frische und innovative Mittelmeerküche mit viel Fisch und Gemüse. Wochentags günstige Tagesgerichte! *34, quai Pompidou | Tel. 04 67 56 50 50 | tgl. | €–€€*

■ ÜBERNACHTEN

LES CORALLINES ▶▶

Komfortabel und direkt am Meer. Im dazugehörenden Kurzentrum lässt sich die Fitness- und Wellnessszene verwöhnen, ein Restaurant serviert schmackhafte Mittelmeerküche. *39 Zi., 3 Suiten | Point Zéro | Tel. 04 67 29 13 13 | Fax 04 67 29 14 74 | www.thalasso-grandemotte.com | €€€*

HÔTEL DE LA PLAGE ☀

Der Strand liegt vor der Tür, das Stadtzentrum ist zehn Gehminuten entfernt. Jedes der 39 komfortablen Zimmer hat einen eigenen Balkon mit Meerblick, manche sind behindertengerecht. Im Sommer mit eigenem Restaurant. *Allée du Levant | Tel. 04 67 29 93 00 | Fax 04 67 56 00 07 | www.hotel-plage-grande-motte.federal-hotel.com | €€ – €€€*

SPORT & STRÄNDE

LE GRAND BLEU

Große und kleine Wasserratten kommen in diesem Aquapark mit mehreren Schwimmbecken, Riesenrutsche, Sauna, Whirlpool und Ruheliegen auf ihre Kosten. *195, avenue St-Louis | Mo–Fr 10–20, Sa/So 10–19 Uhr | 9,50 Euro*

STRÄNDE

Zu beiden Seiten der Hafeneinfahrt erstrecken sich die feinsandigen, breiten Strandabschnitte von *Motte du Levant* und *Motte du Couchant*. Der Strand wird täglich gesäubert,

die Wasserqualität laufend überprüft. Auf einer Länge von 7 km verteilen sich 15 Dusch-/WC-Anlagen.

AM ABEND

Das abendliche Fest- und Unterhaltungsprogramm im Juli und August ist gespickt mit attraktiven Veranstaltungen, bei denen Sänger und Tänzer der Opéra Bastille de Paris, der Wiener Staatsoper und internationale Künstler beim Jazzfestival auftreten. Im Kasino rollt bis 4 Uhr früh die Kugel, vier Diskotheken stehen zur Wahl, z. B. *Le Zanzibar Club (place de l'Épi)* wo Salsa und Samba gespielt werden.

AUSKUNFT

Place du 1er Octobre | Tel. 04 67 56 42 00 | Fax 04 67 29 91 42 | www.ot-lagrandemotte.fr

Eigenwillige Architektur: Appartementhaus im Bienenwabenstil in La Grande-Motte

LA GRANDE-MOTTE

■ ZIELE IN DER UMGEBUNG ■

AIGUES-MORTES [123 E3]

Die Stadt (5000 Ew.) der „toten Wasser" liegt als überdimensionales mittelalterliches Fort 5 km östlich von

Zimmer und ein angenehmes Restaurant hat das *St-Louis (10, rue de l'Amiral-Coubert | Tel. 04 66 53 72 68 | Fax 04 66 53 75 92 | www.lesaint louis.fr | €–€€).*

Zum Badeort Le Grau-du-Roi gehört Europas größter Yachthafen Port-Camargue

La Grande-Motte in der flachen Küstenlandschaft. Das Mauerviereck von 550 x 300 m, befestigt mit 14 Türmen, ist mit schachbrettartig angelegten Straßen und dichten Häuserreihen gefüllt, so wie es ab 1240 von König Ludwig IX., dem „Heiligen", geplant und als Basis der Kreuzzüge gebaut wurde. Der größte Turm, die *Tour Constance,* war der erste Bau. Berühmt und berüchtigt ist er als Gefängnis. Im Lauf der Jahrhunderte schmachteten in den 6 m dicken Mauern Templer, Hugenotten und politische Gefangene. 22 schöne

LE GRAU-DU-ROI [123 E3–4]

6 km südwestlich liegt der Badeort Le Grau-du-Roi (5000 Ew.), daneben der größte Yachthafen Europas, *Port-Camargue,* mit rund 5000 Liegeplätzen und auf künstlichen Inseln errichteten Ferienhäusern. Trotz des sommerlichen Badebetriebs hat sich der alte Ort seinen Charme bewahrt: Pittoreske Häuser stehen in schmalen Gassen, und wenn im Fischerhafen der frische Fang angelandet wird, ist das ein buntes Spektakel. Sehenswert ist das Meeresaquarium *Seaquarium (Sommer tgl. 10–24, sonst 10–19*

Uhr | *www.seaquarium.fr*) mit Haien und anderen exotischen Fischen.

Der Sandstrand ist weitgehend naturbelassen und erstreckt sich über rund 18 km von Boucanet mit seinem Badebetrieb bis zum urwüchsigen, geschützten *Dünengebiet von L'Espiguette.* Man kann bis zum einsamen Leuchtturm fahren und dort parken. Auf dem Weg dorthin liegt die *Maison Méditerranéenne* (route de l'Espiguette | Sommer tgl. 9.30–13 und 14.30–18.30 Uhr), in der Sie erstklassiges Olivenöl, Wein und andere Regionalprodukte kaufen können. Zum Übernachten empfiehlt sich das Hotel 🌙 *Oustau Camarguen (3, route des Marines | Port-Camargue | Tel. 04 66 51 51 65 | Fax 04 66 53 06 65 | www.oustaucamarguen.com | €€)* im Yachthafen Port-Camargue mit 31 liebevoll eingerichteten Zimmern und acht Suiten. Im dazugehörigen Restaurant gibt es gute Regionalgerichte. Wer es exklusiv schätzt, ist im Komforthotel 🌙 *Le Spinaker (pointe de la Presqu'Île | Port-Camargue | Tel. 04 66 53 36 37 | Fax 04 66 53 17 47 | www.spinaker. com | €€€)* mit seinen 21 originell eingerichteten Zimmern und vier Suiten richtig aufgehoben. Dazu gehören ein schöner Pool und der Feinschmeckertempel *Carré des Gourmets.* Küchenchef Jean-Pierre Cazals kocht edle Mittelmeerküche mit erstklassigen Produkten aus der Region.

MONTPELLIER

KARTE IN DER HINTEREN UMSCHLAGKLAPPE

[123 D3] Voller Überraschungen steckt die Hauptstadt (250 000 Ew.) des Langue-

doc-Roussillon. Gleich bei der Einfahrt über die mehrspurigen Verkehrsachsen, die von der Autobahn in die Stadt führen, steht das neue Stadtviertel Antigone. In seinem postmodernen Stilgemisch aus griechischen und klassizistischen Elementen spiegelt sich symbolhaft der beispiellose Aufschwung der Stadt seit den 1960er-Jahren. Der dynamischen Wirtschaft, wohl aber auch seinem Flair verdankt Montpellier seine Anziehungskraft: Amtlichen Angaben zufolge ist es seit Jahren die französische Stadt mit der am schnellsten wachsenden Einwohnerzahl. So zog die Stadt viele Hightechunternehmen an, baute die Satellitenstadt *Paillade* (40 000 Ew.) und schuf mit dem hypermodernen Viertel Port-Marianne und dem angeschlossenen pompösen Freizeitkomplex Odysseum eine Verbindungsachse zum Meer.

Trotz dieser mitunter als größenwahnsinnig apostrophierten Bauvorhaben gibt es noch das andere Montpellier: eine malerische, autofreie Altstadt mit Adelspalästen und Patrizierhäusern, das alte Universitätsviertel, belebte Plätze mit Terrassencafés, eine großstädtische Hotel- und Restaurantszene, erstklassige Museen und ein anspruchsvolles Kulturleben.

■ SEHENSWERTES ■

ANTIGONE

Hier ist richtig geklotzt worden. Auf 400 000 m² entstand ein Stadtviertel der Zukunft, Architekt war der Katalane Ricardo Bofill. Trotz aller Gigantomanie hat er einen städtischen Lebensraum geschaffen, der mit seinen Grünanlagen und Fußgängerzo-

MONTPELLIER

nen nicht erdrückend wirkt, sondern den Menschen Raum zum Leben lässt. Die Achse des Ganzen ist mit 1800 m fast so lang wie die Champs-Élysées von Paris.

Faun, mit einem Kitz spielend: Bronze von Charles Gumery im Musée Fabre

CATHÉDRALE ST-PIERRE
Der festungsartige gotische Bau überstand als einzige Kirche der Stadt die Revolution. Im 17. und 19. Jh. wurde er umfassend restauriert. Beachten Sie den eigenartigen, hoch gewölbten Vorhallenbaldachin. Eher romanisch, da einschiffig, wirkt

das Innere der Kirche. *Mo–Fr 9–12 und 14.30–19 Uhr*

MUSÉE ATGER
Das kleine Museum ist eine Sensation: Hier sind Hunderte von Zeichnungen der größten Künstler des 16. bis 18. Jhs. ausgestellt – etwa von Giovanni Tiepolo, Peter Paul Rubens, Pieter Brueghel bis Jean-Honoré Fragonard und Jean-Antoine Watteau. *2, rue de l'École de Médecine | Mo, Mi und Fr 13.30–17.45 Uhr*

MUSÉE FABRE
Nach vierjährigen Umbauarbeiten wurde das Prunkstück unter den Museen der Stadt 2007 wiedereröffnet. Es gilt als eine der beeindruckendsten Sammlungen französcher und europäischer Malerei des 16.–18. Jhs. Der *parcours contemporain* und eine Multimediagalerie zeigen aber auch die wichtigsten Strömungen des 20. Jhs. *39, boulevard Bonne-Nouvelle | Di, Do und Fr 10–18, Mi 13–21, Sa/So 11–18 Uhr | http://museefabre.montpellier-agglo.com*

PLACE DE LA COMÉDIE
Der zentrale, autofreie Platz verbindet die Altstadt mit den neueren Vierteln, ist Treffpunkt mit sonnigen Terrassencafés und Bühne des städtischen Lebens. Vor der Fassade des Theaters (19. Jh.) steht die *Fontaine des Trois Grâces*. Nördlich geht der Platz in die weitläufige, platanenbestandene Esplanade über. Am oberen Ende steht der futuristische Komplex des *Corum* aus Beton und finnischem Granit für Kongresse und Ausstellungen. Großartig ist der Opernsaal *(Opéra Berlioz)* mit 2000 Plätzen.

PROMENADE ROYALE DU PEYROU ✳

Die terrassierte Parkanlage am West-rand der Altstadt entstand im 17./18. Jh. Am Eingang steht ein Triumphbogen, dahinter die Reiterstatue Ludwigs XIV., am anderen Ende ein Wasserturm *(Château d'eau)*. Das Wasser wird 14 km weit herangeführt, zuletzt über einen 800 m langen Aquädukt.

■ ESSEN & TRINKEN

COMPAGNIE DES COMPTOIRS

Mittelmeerküche mit orientalischen Noten. *51, rue François Delmas | Tel. 04 99 58 39 29 | So-Mittag geschl. | www.lacompagniedescomptoirs.com| €€–€€€*

LE JARDIN DES SENS

Das Restaurant der Zwillingsbrüder Jacques und Laurent Pourcel ist eine der besten Gourmetadressen in Südfrankreich: Ihre Küche ist raffiniert und innovativ, die Weinkarte exklusiv und der Service exzellent. Dazu gehört ein luxuriöses, von namhaften Designern eingerichtetes Hotel mit 13 Zimmern und zwei Suiten. Für Hobbyköche bietet das Restaurant Kochkurse an. *11, avenue St-Lazaire | Tel. 04 99 58 38 38 | Fax 04 99 58 38 39 | www.jardindessens. com | Di-Mittag und So/Mo geschl. | €€€*

LE SALEYA

Eine einladende Terrasse auf einem der hübschesten Plätze der Stadt. Hier bekommen Sie knackig-frische, üppige Salate und einen preisgünstigen Mittagstisch. *4, place du Marché aux Fleurs | Tel. 04 67 60 53 92 | So geschl. | €*

LA TAVOLA DE PEPE ▶▶

Einfache Gerichte und Tapas in spanischem Ambiente, abends oft mit Livemusik. *8, rue de l'Université | Tel. 04 67 02 19 25 | tgl. | €*

■ EINKAUFEN

Quer durch die historische Innenstadt zieht sich die elegante *Rue Foch* mit

>LOW BUDGET

> Wer sein Auto in Montpellier an einem der P+R-Plätze entlang der Straßenbahnlinie abstellt, bekommt mit der Parkgebühr von 4 Euro eine Hin- und Rückfahrt für jeden Insassen. Sie können die Stadt aber auch preisgünstig per Rad erkunden: Leihräder *(TAM | 6, rue Jules-Ferry | www.tam-way.vom)* kosten nur 1 Euro für den halben und 2 Euro für den ganzen Tag.

> Gut und preiswert essen können Sie in Montpellier im *Sisters Café (3, rue des Soeurs | Tel. 04 67 66 15 95 | So und abends geschl.)* mit schöner Terrasse) oder im *Le St-Côme (place St-Côme | Tel. 04 67 60 75 24 | So geschl.).*

> Sehr preisgünstige, einfache, saubere Zimmer und ein sympathischer Empfang erwarten Sie in Nîmes im *Cat Hotel (29 Zi. | 22, boulevard Amiral-Courbet | Tel. 04 66 67 22 85 | Fax 04 66 21 57 51 | www.cathotel.net).*

> Kaum zu glauben: Die Jugendherberge von Carcassonne liegt mitten in der historischen Cité; dazu gehört ein hübscher, kleiner Innenhof. *Rue Trencavel | Tel. 04 68 25 23 16 | Dez./Jan. geschl. | www.fuaj.org/Carcassonne*

ihren Geschäften bis zur Place des Martyrs-de-la-Résistance. Die weiter zur Place de la Comédie führende *Rue de la Loge* (Fußgängerstraße) ist die eigentliche Einkaufsstraße von Montpellier und traditionell die Adresse der Goldschmiede. Hier können Sie sich praktisch jeden Einkaufswunsch erfüllen.

■ ÜBERNACHTEN

LE GUILHEM
Komforthotel mitten in der historischen Altstadt mit 36 stilvoll eingerichteten Zimmern. Besonders schön ist die **Nummer 100** mit gewölbter Decke und eigenem kleinem Garten. *18, rue Jean-Jacques Rousseau | Tel. 04 67 52 90 90 | Fax 04 67 60 67 67 | www.leguilhem.com | €€€*

(Insider Tipp)

HÔTEL DU PARC
In einem Stadtpalast aus dem 18. Jh., nur wenige Gehminuten von der Place de la Comédie entfernt: 19 gemütliche Zimmer, freundlicher Empfang, kostenloser Parkplatz. Bei schönem Wetter können Sie auf einer Terrasse frühstücken. *8, rue A.-Bège | Tel. 04 67 41 16 49 | Fax 04 67 54 10 05 | www.hotelduparc-montpellier.com | €€*

ULYSSE
Preisgünstiges Hotel in ruhiger Lage am Rand der Altstadt. 24 rustikal eingerichtete, komfortable Zimmer. *338, avenue St-Maur | Tel. 04 67 02 02 30 | Fax 04 67 02 16 50 | www.hotel-ulysse-montpellier.com | € – €€*

■ FREIZEIT & SPORT

ODYSSEUM
In dem riesigen Freizeitkomplex finden Sie unter anderem das mit modernster Technik ausgestattete Planetarium *Galilée (www.planetarium-galilee.com | Mi, Sa und So 14.30 bis 20.30 Uhr)*, eine 3000 m^2 große Eislaufhalle *(tgl. 14.30–19 und 21–1 Uhr | www.vegapolis.net)* und das *Cinema Gaumont Multiplex* mit 16 Sä-

Ursprüngliches Dorf in abgeschiedener Lage: St-Guilhem-le-Désert

len und 430 m² großen Leinwänden. *Port-Marianne*

▰ AM ABEND ▰

Junge Leute treffen sich gerne auf der großen Terrasse des *Insensé (39, boulevard des Bonnes-Nouvelles)* oder in der Szenebar ▶▶ *Le Circus (3, rue Collot)*. Zum Tanzen *(Mo–Sa 23 bis 4 Uhr)* lädt das in einer ehemaligen Kirche untergebrachte Rockcafé *Le Rockstore (20, rue de Verdun)* ein.

▰ AUSKUNFT ▰

30, allée Jean de Lattre de Tassigny | Tel. 04 67 60 60 60 | Fax 04 67 60 60 61 | www.ot-montpellier.fr

▰ ZIELE IN DER UMGEBUNG ▰

CARNON-PLAGE   [123 D3]

Der endlose Strand 9 km südöstlich von Montpellier ist nicht zu groß für den Andrang, der hier im Sommer herrscht. Hier starten Bootsfahrten auf dem Canal du Rhône.

CASTRIES   [123 D3]

Das Hügelstädtchen mit etwa 4000 Einwohnern 13 km nordöstlich von Montpellier wird von einem schönen Renaissanceschloss beherrscht. Erbaut zur Zeit des „Sonnenkönigs" Ludwigs XIV., spiegelt es den Glanz von Versailles wider. Der Park wurde vom berühmten Gartenarchitekten André Le Nôtre angelegt. Ein schöner Spaziergang führt am römischen Aquädukt entlang, der den Park mit Wasser versorgt. *Feb.–Dez. Di–So 10 bis 12 und 14–18 Uhr*

ST-GUILHEM-LE-DÉSERT ★   [122 C3]

Atemraubend ist die Lage des schönen Dorfs in der Felswildnis der Ce-

vennenausläufer rund 50 km nordwestlich von Montpellier am Eingang wilder Schluchten. Die großartige Abteikirche, 804 von Guilhem, einem engen Freund und Kampfgefährten Karls des Großen, gegründet, ist ein besonders schönes Beispiel der Romanik des Languedoc. In der Mauer der Apsis sind der Schrein des heiligen Guilhem mit seinen Gebeinen und ein Splitter vom Kreuz Christi ausgestellt. Zum Einkehren empfielt sich *La Table d'Aurore (2, avenue Guillaume-d'Orange | Tel. 04 67 57 24 53 | tgl. | €€)*.

NÎMES

🔲 **KARTE IN DER HINTEREN UMSCHLAGKLAPPE**

[121 E6] ★ Bereits vor 2000 Jahren kreuzten sich im damaligen Colonia Augusta Nemausus, dem heutigen Nîmes (144 000 Ew.), die Wege der Reisenden: Die Hauptstadt des Departements Gard verdankt den Römern ihre besondere Attraktion; in keiner anderen Stadt Frankreichs sind die antiken Bauten zahlreicher oder besser erhalten als in Nîmes: das Amphitheater, der Tempel Maison Carrée, der Dianatempel, die Tour Magne. Dazu gehört auch der gut 20 km entfernte Pont du Gard, denn er versorgte die Stadt mit Wasser.

Abgesehen von den Zeugnissen der römischen Vergangenheit besticht Nîmes durch seine südlich-lebhafte Atmosphäre und setzt mit zeitgemäßer Architektur avantgardistische Akzente. Breite, von Platanen beschattete Boulevards ziehen sich um die weitgehend autofreie Altstadt. Da hält man sich gern einen ganzen

Tag auf oder auch länger, wenn die Lebensfreude explodiert, zum Beispiel bei der berühmten einwöchigen Feria zu Pfingsten mit Stierkämpfen in der Arena, Musikumzügen, frei durch die Straßen laufenden Stieren und Tanz in den Bodegas.

den Römern diente der Bau den Westgoten als Festung. Im Mittelalter wurde er zur Burg und dann zum Wohnviertel mit 230 Häusern. Heute finden hier Corridas, Theater- und Opernaufführungen, Rockkonzerte und sogar die Weihnachtsmesse statt.

Das römische Amphitheater Les Arènes bietet Platz für bis zu 24 000 Zuschauer

SEHENSWERTES

AMPHITHEATER (LES ARÈNES)

Der elliptische Bau stammt vom Anfang des 1. Jhs., misst bei 21 m Höhe im Durchmesser 101 bzw. 133 m und bietet bis zu 24 000 Zuschauern Platz. Durch 126 Treppen im Innern war es möglich, dass die Zuschauer die Arena in wenigen Minuten betreten und verlassen konnten. In der Römerzeit war das Rund Schauplatz von blutigen Gladiatorenkämpfen, von Pferde- und Wagenrennen. Nach

Im Winterhalbjahr ist in dem Rund eine abbaubare Konstruktion aus Aluminium, Plexiglas und Stoff errichtet, die 7000 Zuschauern Platz bietet. *März–Okt. tgl. 9–18, sonst 9.30–17 Uhr*

CATHÉDRALE ST-CASTOR

Im Lauf seiner Geschichte wurde der romanische Bau in der Altstadt mehrmals zerstört und im 19. Jh. fast vollständig wiederhergestellt. An der Fassade zur Place aux Herbes ein schöner romanischer Relieffries, der die Geschichte von Adam und Eva, Kain und Abel darstellt.

JARDIN DE LA FONTAINE/TOUR MAGNE

Im weichen Nachmittagslicht ist der Besuch des Gartens nordwestlich der Altstadt am schönsten. Die prächtige Anlage, eine grüne Oase der Stille und Erholung, entstand um 1745 unter Einbeziehung römischer Ruinen und Wasserkanäle. Im Park liegt der heute teilweise zerstörte *Temple de Diane* aus dem 2. Jh. Wozu der Tempel genau diente und ob er tatsächlich der Göttin der Jagd geweiht war, ist unbekannt. Vom Tempel steigt der Weg zum *Mont Cavalier* (114 m) an, auf dessen Höhe die ✳ *Tour Magne (Juni–Aug. tgl. 9.30–19, April/Mai 9.30–18.30, März, Sept. und Okt. 9.30–13 und 14–18, Nov.–Feb. 9.30 bis 13 und 14–16.30 Uhr)* steht. Der Turm gilt als größter der einst rund 100 Türme in der römischen Stadtmauer. Ursprünglich war er 40 m hoch, heute misst er noch 34 m. Von oben haben Sie einen weiten Blick über Nîmes und die Ebene bis zum Mont Ventoux und zu den Cevennen.

MAISON CARRÉE

Kein Haus, sondern ein ehemaliger Tempel, erbaut um 5 n. Chr. auf dem römischen Forum, das etwa die Größe der aktuellen Place de la Comédie hatte, ist dies der am besten erhaltene römische Bau seiner Art. Die Maße: 26 m lang, 15 m breit, 17 m hoch. Trotz wechselvoller Laufbahn – u. a. Nutzung als Amtsstube, Kirche der Augustiner, Pferdestall und Stadtmuseum – hat der Bau die Zeiten fast unversehrt überstanden. Im Innern ist

seine Geschichte dokumentiert. *Juni bis Aug. tgl. 10–19.30, April, Mai, Sept. 10–19, sonst 10–13 und 14–17 Uhr*

MUSÉE ARCHÉOLOGIQUE/ MUSÉE D'HISTOIRE NATURELLE

Ein Muss, wenn Sie sich für die römische Vergangenheit von Nîmes interessieren. Fast alles, was aus jener Epoche in Nîmes und Umgebung ausgegraben wurde, ist hier versammelt: Mosaiken, Skulpturen, Geld, Gefäße. Im Naturkundemuseum befindet sich u. a. eine Sammlung zur Vorgeschichte des Languedoc. *13, boulevard de l'Amiral-Courbet | Di bis So 10–18 Uhr*

MUSÉE D'ART CONTEMPORAIN

Der Bau in Form eines futuristischen Würfels aus Glas und Beton, eröffnet 1993, wurde von Norman Foster entworfen und steht sozusagen als zeitgemäße Antwort auf die Maison Carrée am anderen Ende des Platzes. Er birgt eine der modernsten Bibliotheken Frankreichs mit 360 000 Bänden, dazu eine große Platten- und Videosammlung, alles auf dem neuesten Stand der Informationstechnologie. Außerdem liegt hier das *Musée d'Art Moderne.* Von der ✳ Cafeteria im obersten Geschoss haben Sie einen herrlichen Blick auf die Dächer der Altstadt. *Place de la Maison Carrée | Di–So 10–18 Uhr*

MUSÉE DES BEAUX-ARTS

Im Erdgeschoss entzückt gleich zu Beginn des Besuchs das große römische Mosaik „Les Noces d'Admète". Im ersten Stock sind Werke europäischer Schulen des 15.–19. Jhs. zu betrachten: Bilder von Giambono, Peter Paul Rubens, Pieter Brueghel d. J. u. a. *Rue de la Cité Foulc | Di–So 10 bis 18 Uhr*

PORTE D'AUGUSTE
Das Stadttor aus der Zeit des römischen Kaisers Augustus (16/15 v. Chr.) war einst Teil der Stadtmauer. Durch die beiden großen, mittleren Torbogen rollten die Wagen, die beiden kleineren Seitentore waren für Fußgänger bestimmt. *Rue Nationale/ boulevard de l' Amiral-Courbet, gegenüber der Kirche St-Baudille*

ESSEN & TRINKEN
L'EX AEQUO
Egal, ob Sie sich für Fleisch oder Fisch entscheiden – alle Gerichte sind liebevoll zubereitet, vorwiegend mit frischen Regionalprodukten. Der Speisesaal ist schlicht-elegant, bei schönem Wetter lädt ein Garten zum Draußensitzen ein. Günstiger Mittagstisch *(plat du marché). 11, rue Bigot | Tel. 04 66 21 71 96 | Sa-Mittag und So geschl. | €–€€*

LE LISITA
Ein Muss für Feinschmecker. Kreative Saisonküche, edle Weine. Gegessen wird entweder im schlicht-eleganten Speisesaal oder auf einer schönen Terrasse. *2 bis, boulevard des Arènes, Tel. 04 66 67 29 15 | So/ Mo geschl. | www.lelisita.com | €€€*

LE MARCHÉ SUR LA TABLE
Ausgezeichnete Bistroküche, leckere Gerichte aus fangfrischen Mittelmeerfischen, ungezwungenes Ambiente. Bei schönem Wetter können Sie auf der Terrasse essen. *10, rue Littré | Tel. 04 66 67 22 50 | So/Mo geschl. | €€*

ÜBERNACHTEN
IMPERATOR CONCORDE ⟫
Gilt trotz seines etwas antiquierten Charmes als beste Adresse in Nîmes. Hier sollen schon Ernest Hemingway und Pablo Picasso gern gewohnt haben. Restaurant, Garten und Garage. *62 Zi. | 1, quai de la Fontaine | Tel. 04 66 21 90 30 | Fax 04 66 67 70 25 | www.hotel-imperator.com | €€€*

HÔTEL CÔTÉ PATIO
Zehn Gehminuten vom Trubel der Innenstadt entfernt bietet dieses kleine Hotel mit seinem schönen Innenhof Ruhe und Entspannung. 17 fröhlich eingerichtete und komfortable Zimmer, gutes Preis-Leistungs-Verhältnis. *31, rue de Beaucaire | Tel. 04 66 67 60 17 | Fax 04 66 67 88 02 | hotel-cote-patio.com | €*

ROYAL HÔTEL ⟫
Das mit viel Liebe renovierte Gebäude stammt aus dem 19. Jh., die Einrichtung ist eine gelungene Mischung aus zeitgenössischem Stil und 1950er-Jahre-Look. Dazu gehört das Restaurant *La Bodeguita (So geschl.),* das vor allem spanische Gerichte anbietet. *23 Zi. | 3, boulevard Alphonse-Daudet | Tel. 04 66 58 28 27 | Fax 04 66 58 28 28 | www.royalho tel-nimes.com | €–€€*

AM ABEND
Gut besucht sind abends die Cafés mit ihren Terrassen am Boulevard de l'Amiral-Courbet. Ein beliebter Treffpunkt ist die in einer ehemaligen Lagerhalle untergebrachte Galerie- und

Kleinkunstbar *Café Haddock (13, rue de l'Agneau | So geschl.).* Im ▶▶ *421 (37, rue Fresque | So geschl.)* drängen sich Stierkampffans, Nachtschwärmer, Künstler und Touristen. Auf einer Leinwand werden Corridas übertragen.

Der Aquädukt Pont du Gard versorgte das römische Nîmes mit Trinkwasser

■ AUSKUNFT ■

6, rue Auguste | Tel. 04 66 58 38 00 | Fax 04 66 58 38 01 | www.ot-nimes.fr

■ ZIELE IN DER UMGEBUNG ■

BEAUCAIRE [121 F6]

Die geschichtsträchtige Stadt an der Rhône (13 500 Ew.) 24 km östlich von Nîmes ist mit ihren hellroten Ziegeldächern, engen Straßen und schönen alten Häusern, bewacht von einer mächtigen Burgruine, mehr als nur einen kurzen Besuch wert. Vom *Château Royal* aus dem 11. Jh. sind zwei ☆ Türme, Mauerwerk und eine schöne romanische Kapelle erhalten. Ein prächtiges Schauspiel ist hier die *Flugvorführung der Greifvögel (Ostern–Okt. | im Sommer tgl. drei Vorführungen zwischen 14 und 17.30 Uhr; sonst Mi geschl.).*

PONT DU GARD ★ [121 E6]

Der gewaltige Aquädukt aus dem 1. Jh. v. Chr. 24 km nordöstlich ist eines der besterhaltenen römischen Bauwerke überhaupt. Er ist Teil der Wasserleitung, die über 50 km ab Uzès die Kolonie von Nîmes versorgte. Mit einer Länge von 275 m und einer Höhe von 49 m überspannt er in drei Bogenreihen den Gard. Bei jährlich rund 2 Mio. Besuchern wählen Sie Ihre Besuchszeit möglichst sorgfältig: am besten früh am Morgen oder abends ab 18 Uhr. Moderne

Zutaten sind eine Film- und Mediaausstellung und eine Panoramashow bei den Parkplätzen. *www.pontdu gard.fr*

SOMMIÈRES [121 D6]

Das Städtchen (3200 Ew.) 25 km südwestlich von Nîmes ist mit seinen weißen Häusern über dem Flüsschen Vidourle, den mittelalterlichen Toren, schmalen Gassen und von Arkaden gesäumten Plätzen eine Augenweide. Ganz oben im Ort liegt das charmante *Hôtel de l'Orange (87, rue des Baumes | Tel. 04 66 77 79 94 | http://hotel.delorange.free.fr | €€)* – fünf Zimmer und drei Appartements in einem Gebäude aus dem 17. Jh. Von der ☀ Dachterrasse aus blicken Sie über das Städtchen, ein Pool lädt zur Erfrischung ein.

2 km außerhalb Richtung Nîmes liegt das großartige *Château de Villevieille (Juli–Sept. tgl. 14–20, sonst Sa/So 14–19 Uhr)* aus dem 11. Jh. und restauriert in der Renaissance; eingerahmt von alten Häusern in blühenden Gärten, ist es ein bezauberndes Ensemble. Die Inneneinrichtung des Schlosses ist sehr gut erhalten, u. a. das Zimmer, in dem der heilige Ludwig 1243 wohnte. Solide Hausmannskost und Weine aus der Region können Sie im Restaurant *L'Olivette (11, rue Abbé-Fabre | Tel. 04 66 80 97 71 | im Sommer Di, sonst Di-Abend und Mi geschl. | €)* kosten.

Insider Tipp

PALAVAS-LES-FLOTS

[123 D4] Vor dem Ausbau der Küste mit La Grande-Motte als Auftakt war dies der einzige Badeplatz nahe Montpellier. Der Charme des alten Badeorts und Fischerhafens ist im Zentrum noch lebendig, trotz des sommerlichen Hochbetriebs. Auf neuestem Stand ist die einzige ins Meer gebaute Marina an dieser Küste mit mehr als 1000 Bootsliegeplätzen.

▐ SEHENSWERTES ▐▐▐▐▐▐▐

MUSÉE ALBERT-DUBOUT
Viel Spaß machen die Karikaturen, mit denen der Künstler Albert Dubout (1905–1976) den Ort, seine Bewohner, Feriengäste und den berühmten *Petit train* verewigt hat. Reizvoll ist auch die Lage des Museums im Turm La Redoute de Ballestras mitten im Parc du Levant. *Juli/Aug. tgl. 10–12 und 16–21, sonst 14–18 Uhr | www.dubout.fr*

MUSÉE DU PETIT TRAIN
Die alte Lokomotive und ein Waggon sowie Zeichnungen von Dubout erinnern samt Fotos an die Zeit, als Palavas-les-Flots das einzige Seebad an dieser Küste war. Heute zuckeln die Urlauber in den bunten Wagen des aktuellen Petit train durch den Badeort. *Parc du Levant | Juli/Aug. tgl. 10 bis 12 und 16–21, sonst 14–18 Uhr*

PHARE DE LA MÉDITERRANÉE ☀
Eine tolle Aussicht haben Sie von der Aussichtsetage oder beim Diner im Drehrestaurant. Der ehemalige Wasserturm beherbergt außerdem das Touristenbüro.

▐ ESSEN & TRINKEN ▐▐▐▐▐▐▐

L'ESCALE
Die schöne Lage mit Blick aufs Meer und eine auf Fisch und Meeresfrüchte spezialisierte, feine Küche rechtfertigen das gehobene Preisniveau. *5, boulevard Sarrail | Tel. 04 67 68 24 17 | Juli/Aug. Mi-Mittag und Do-Mittag, sonst Mi geschl. | €€ – €€€*

LE PETIT LÉZARD
Kein Blick auf See oder Meer, dafür gute Fischgerichte und Meeresfrüchte, die Sie in einem der beiden Speisesäle oder auf der Terrasse genießen können. Günstiges Mittagsmenü. 63,

avenue de l'Étang-du-Grec | Tel. 04 67 50 55 55 | tgl. | €–€€

■ EINKAUFEN

Neben Wochenmärkten gibt es am Samstagvormittag bei den Arènes einen Floh- und Trödelmarkt und am Freitag ab 17 Uhr einen *Marché Nocturne d'Artisanat et d'Art* auf der Hafenpromenade.

■ ÜBERNACHTEN

L'AMÉRIQUE HÔTEL

Nur wenige Gehminuten vom Strand entfernt, mit Swimming- und Whirlpool. *49 Zi.* | avenue Fabrège | Tel. 04 67 68 04 39 | Fax 04 67 68 07 83 | hotel.amerique@wanadoo.fr | €–€€

■ SPORT & STRÄNDE

Wie praktisch alle Strände des Languedoc sind die 7 km Sandstrand von Palavas-les-Flots besonders für Familien mit Kindern geeignet, da sanft abfallend. Außer Sandburgenbauen ist Beachvolleyball besonders beliebt. Es gibt zehn Tischtennisanlagen, und man kann Tretboote oder Wasserskooter mieten. Über Wasserski, Windsurfen, Tauchen, Angeln, Kajak- und Kanuverleih bzw. Kurse informiert das *Centre Nautique Pierre Ligneuil (Tel. 04 67 07 73 33).*

■ AUSKUNFT

boulevard Maréchal-Joffre | Tel. 04 67 07 73 34 | Fax 04 67 07 73 58 | *www.palavaslesflots.com*

■ ZIELE IN DER UMGEBUNG

CATHÉDRALE DE MAGUELONE [123 D4]

Von Palavas-les-Flots führt ein Spaziergang von etwa 1,5 km auf der Landzunge zwischen dem Étang du Prévost und dem Meer zu der kleinen Insel, auf der sich die Kathedrale erhebt. Sie ist einziges Überbleibsel des Orts Maguelone, der 1622 auf Befehl Richelieus zerstört wurde. *Juni–Sept. tgl. 9–19 Uhr*

FRONTIGNAN [123 D4]

Weltweit berühmt ist die Stadt (16 000 Ew.) 24 km südwestlich für ihren Muskatwein. Lohnend ist der Besuch der *Coopérative du Muscat (Juni–Sept. tgl. 9.30–12.30 und 15 bis 19.30, sonst 14.30–18.30 Uhr | www.frontignan-cooperative.fr).*

Über 1000 Liegeplätze: bei der Einfahrt in die Marina von Palavas-les-Flots

> IM LAND DER KATHARER

Burgen, Meer und alte Abteien von den Weinhügeln der Corbières bis zu den Pyrenäen

> **Das Roussillon ist ein Land der Kontraste: Mit Badeplätzen wie Leucate-Plage, Port-Barcarès, St-Cyprien oder Argelès-Plage ist seine Küste eine der am stärksten besuchten am Mittelmeer.** Doch auch das Hinterland ist attraktiv für Leute, die das Abenteuer der Entdeckung suchen. Städte wie Narbonne und Perpignan sind Orte voller Leben und Geschichte. Eine Rundfahrt zu den wie Adlerhorste in die Felswildnis der Corbières platzierten Katharerburgen – Château de Quéribus, Château de Peyrepertuse, Château de Montségur – wird zum großen Erlebnis. Sie sind Tummelplätze der Phantasie, die vom tragischen Schicksal der Katharer genährt wird. Im äußersten Süden, dessen katalanische Identität auch nach über 300 Jahren Zugehörigkeit zu Frankreich unübersehbar ist, kommen Sie in die Hochtäler der Pyrenäen, zu stattlichen Abteien und urigen Bergdörfern.

Bild: Vernet-les-Bains

ROUSSILLON

ARGELÈS-PLAGE

[125 F5–6] Argelès hat zwei Gesichter: Da ist der alte Ort Argelès-sur-Mer (9000 Ew.) mit typisch katalanischen Häusern in engen Gassen und, jenseits eines 2,5 km breiten Streifens von Obstplantagen, der moderne Badeort mit 7 km Sandstrand, der im Süden in die felsige Côte de Vermeille mit lauschigen Buchten übergeht. In der Hochsaison ist hier viel los – knapp 60 Campingplätze in der näheren Umgebung machen Argelès zur europäischen Campinghauptstadt. Da weiß man den großen Kiefernwald zu schätzen, der sich mit einer 2 km langen Promenade am Strand entlangzieht.

■ SEHENSWERTES ■

CASA DE LES ALBÈRES

Interessante Sammlungen von Werkzeugen und Materialien für Weinanbau und -verarbeitung sowie wichtige Handwerkszweige im katalanischen Roussillon Ende des 19. Jhs. *Argelès-Village | 4, place des Castellans | Mo–Fr 9–12 und 15–18, Sa 9 bis 12 Uhr*

Sommerszene an der Küste des Roussillon: Schirm, Charme und Mittelmeer

ESSEN & TRINKEN
L'AMADEUS
Ob man im stilvollen Saal oder bei gutem Wetter draußen im schattigen Patio sitzt – die leckeren Fischgerichte, Meeresfrüchte und katalanischen Spezialitäten verdienen ein dickes Lob. *Avenue des Platanes | Tel. 04 68 81 12 38 | Okt.–Mai Mi geschl. | €€*

EINKAUFEN
MÄRKTE
In Argelès-Plage im Juli/Aug. täglich auf dem *Boulevard de la Mer,* außerdem Montag-, Mittwoch- und Freitagvormittag und täglich von 17 bis 24 Uhr ein Handwerksmarkt auf dem *Parking des Platanes.*

ÜBERNACHTEN
AUBERGE DU ROUA
Liebevoll restauriertes katalanisches Landhaus aus dem 18. Jh. 17 hübsch eingerichtete Zimmer, einige davon sehr preisgünstig; Terrasse mit Pool und Restaurant mit guter Mittelmeerküche. *Chemin du Roua | Tel. 04 68 95 85 85 | Fax 04 68 95 83 50 | www.aubergeduroua.com | €–€€*

HÔTEL DE LA PLAGE DES PINS
Direkt am Meer, 50 Zimmer mit Balkon, teils mit Meerblick, Pool. *Allée des Pins | Tel. 04 68 81 09 05 | Fax 04 68 81 12 10 | www.plage-des-pins. com | €€–€€€*

SPORT & STRÄNDE
SCHIFFSAUSFLÜGE
Spaß machen Angelpartien oder Ausflüge mit dem Schiff, etwa nach Collioure oder nach Portbou oder Port de la Selva in Spanien. Skipper Christophe Winckel von *Z'y va École de Croisière (Tel. 06 11 29 06 36 | www. zyvaecole.com)* lädt Segellasse wie Anfänger zu Touren ein. Sein Boot ist im Hafen am gelben Segel zu erkennen.

STRÄNDE
In der Badesaison sind die tadellos gepflegten Strände *Plage Nord, Plage des Pins* und *Plage Sud* be-

wacht. Südlich des Hafens liegt die 3 km lange, ruhigere *Plage du Racou* mit ihren kleinen Buchten, der letzte Sandstrand vor Spanien.

■ AM ABEND ■

Nach dem Tag am Strand gehts in die Diskotheken *Le Playa (allée des Pins)* und *Le Kiss (5, allée Jules Aroles)* oder – für Schwule und Lesben – ins *Potchic (Centre Commercial Costa Blanca)* am Boulevard de la Mer. Ein *Luna Park (Espace de Loisirs Plage Nord | Juli/Aug tgl. 20.30–1 Uhr)* lockt mit 25 Attraktionen.

■ AUSKUNFT ■

Place de l'Europe | Tel. 04 68 81 15 85 | Fax 04 68 81 16 01 | www.argeles-sur-mer.com

■ ZIEL IN DER UMGEBUNG ■

ELNE [125 F5]

Die große Sehenswürdigkeit des Städtchens (6200 Ew.) im Obstanbaugebiet 12 km nordwestlich ist die *Cathédrale Ste-Eulalie-et-Ste-Julie.* Einst war Elne die Hauptstadt des Roussillon und rund 1000 Jahre lang, bis 1602, Bischofssitz. Das Innere der im 11. Jh. geweihten Kirche ist reich ausgestattet; zu den bedeutendsten Schätzen zählen ein geschnitzter Altaraufsatz aus dem 14. Jh., ein romanischer Altartisch aus Marmor und ein romanisches Taufbecken. *April/Mai tgl. 9.30–17.45, Juni–Sept. 9.30–18.45, Okt.–März 9–12 und 14 bis 16.45 Uhr*

CANET-EN-ROUSSILLON

[125 F5] **Das große Seebad (10 000 Ew.) nahe Perpignan macht mit seinem prächtigen, kilometerlangen Sandstrand an palmengesäumter Promenade und bis zu zehn Stockwerke hohen Hotels und Appartementhäusern samt Bars und Restaurants den Eindruck eines französischen Miami Beach.** Wer neben Baden und Sonnen

MARCO POLO HIGHLIGHTS

★ **Collioure**
Das schönste Städtchen an der Küste (Seite 61)

★ **Abbaye de Fontfroide**
Die Lage ist so großartig wie das Kloster selbst (Seite 69)

★ **Château de Peyrepertuse**
Die imposanteste Burgruine im *pays cathare* (Seite 72)

★ **Hospici d'Illa**
Erlesene Kunstschätze im Hospiz von Ille (Seite 72)

★ **Tautavel**
Vor mehr als 450 000 Jahren jagte der „Mensch von Tautavel" im Roussillon (Seite 74)

★ **Abbaye St-Martin-du-Canigou**
Allein schon der steile Aufstieg zu der Abtei in der wilden Bergwelt der Pyrenäen ist ein beeindruckendes Erlebnis (Seite 75)

★ **Pic du Canigou**
Der 2784 m hohe Berg ist ein großartiger Aussichtsbalkon (Seite 77)

Wert auf ein vielseitiges Sport- und Freizeitangebot legt, ist hier richtig.

■ SEHENSWERTES ■

ÉTANG DE CANET

Rosa Flamingos und zahlreiche andere Vogelarten kann man von ver-

LA RASCASSE

Meeresfrüchte, frischer Fisch und katalanische Spezialitäten; schön ruhig, da etwas abseits vom Strandgetümmel gelegen. *38, boulevard Tixador | Tel. 04 68 80 20 79 | mittags geschl. | €€*

„Man trägt wieder Pink!": ein Modediktat, dem man sich am Étang de Canet gern unterwirft

Insider Tipp schiedenen Punkten an einem 2,5 km langen Pfad entlang dem 9,6 km² großen Étang am westlichen Rand von Canet beobachten.

■ ESSEN & TRINKEN ■

LE JARDIN MOGADOR

Dieser Garten verspricht in stilechtem Rahmen authentische marokkanische Gaumenfreuden. *25, avenue du Canigou | Tel. 04 68 80 02 13 | mittags geschl. | €€*

■ ÜBERNACHTEN ■

HÔTEL LE CATALAN

Einfaches Hotel mit 14 Zimmern, teilweise mit Meerblick. Zum Strand sind es nur 30 m. *60, boulevard Cassanyes | Tel./Fax 04 68 73 55 37 | €*

RÉSIDENCE MALIBU VILLAGE

Hier fühlen sich Familien mit Kindern und Sportbegeisterte wohl. Der Komplex besteht aus einem Hotel mit 75 Zimmern, Ferienwohnungen

und Bungalows, mehreren Pools, Sportanlagen, einem Restaurant (katalanische Spezialitäten) und zwei Snackbars. Mittelpunkt der schönen Gartenanlage ist ein großer Swimmingpool. Hotel (€€) im Sommer nur wochenweise, Appartements und Ferienhäuser je nach Saison und Größe zwischen 270 und 2015 Euro pro Woche. *Voie de la Méditerranée | Tel. 04 68 73 27 79 | Fax 04 68 73 37 91 | www.malibu-village.com*

■ SPORT & STRÄNDE
BADEN
4 km Strand sind bewacht, in neun Abschnitte unterteilt. Nördlich des Hafens liegt die *Plage du Sardinal,* zu der die Camper der angrenzenden Plätze direkten Zugang haben. Weniger lebhaft als auf den Abschnitten entlang der Uferpromenade geht es an der *Plage Marestang* und der *Plage du Lido* zu.

TENNIS
Zwei Hallen- und vier Außenplätze erwarten Tennisfans im *Centre de Tennis Europa (4, avenue Guy Drut | Tel. 04 68 73 08 51).*

WASSERSPORT
Einen guten Ruf haben die Segelkurse der *Base Nautique du Port (Tel. 04 68 73 33 95 | http://asso.ffv.fr/cn-canet).* Für Taucher: *Aquatile Plongée (9, rue Abdon Gaux | Tel. 06 16 51 31 06 | http://aquatile.free. fr)*

■ AUSKUNFT
Espace Méditerranée | Tel. 04 68 86 72 00 | Fax 04 68 86 72 12 | www.ot-canet.fr

■ ZIELE IN DER UMGEBUNG
LEUCATE-PLAGE   [125 F4]
Wer geballtes Strandvergnügen sucht und Rummel nicht scheut, ist hier rund 20 km nördlich von Canet richtig. Neben dem alten Dorf Leucate wurde in den 1960er-Jahren ein moderner Badeort aus dem Boden gestampft, mit Appartementhäusern, Cafés, Snackbars, riesigen Parkplät-

>LOW BUDGET

> Nicht nur Geld, sondern auch Zeit und Nerven sparen motorisierte Narbonnebesucher, wenn sie ihr Auto auf den kostenlosen Parkplätzen gegenüber dem Palais des Expositions nahe der Autobahnausfahrt Narbonne-Est stehen lassen. Von dort gibt es alle 15 Minuten einen Gratis-Busshuttle *(Narbonette)* in die Innenstadt.

> Billiger geht es nicht: Für den Einheitstarif von 1 Euro können Sie mit Regionalbussen ab Busbahnhof *(gare routière)* Perpignan das Hinterland erkunden. *Avenue du Général Leclerc | Auskunft Tel. 04 68 80 80 80*

> Das Schnellrestaurant *Pizza Pasta Pronto (1, rue Pierre Curie | Tel. 04 68 52 26 89)* in Perpignan hat schnell auf die Wirtschaftskrise reagiert: Zum Kampfpreis von 5,90 Euro gibt es dort an Wochentagen mittags ein *menu de crise,* bestehend aus einem Tagesgericht, einem Glas Wein und einem Espresso.

> In Narbonne können die drei Museen für Archäologie, für Steine und für Kunst und Geschichte mit einem Pass für 7,50 Euro besichtigt werden, der drei Tage lang gilt.

zen und einem großen Freizeithafen (1000 Liegeplätze). Wassersport wird großgeschrieben: Es gibt Kurse für Surfen, Segeln, Tauchen oder Wasserskifahren. Unter Naturschutz steht der ursprüngliche, 8 km lange Strand *Plage des Coussoules* bei La Franqui ein paar Kilometer nördlich, ältester Badeort der Küste des Languedoc-Roussillon und ein beliebter Treffpunkt von Surfern und Kitesurfern. Im April treffen sich hier die Surfchampions zum ▶▶ *Mondial du Vent (www.mondial-du-vent.com).*

Gute Fischgerichte und Pizzen mit Käse aus der Region gibt es im Lokal *Le Golf (Tel. 04 68 45 70 24 | Di geschl. | €)* direkt am Minigolfplatz. Etwas abseits vom Touristenrummel liegt im Hafen von Port-Leucate das bei Hafenarbeitern und Skippern beliebte ▶▶ Restaurant *Le Cabestan (Tel. 04 68 44 08 15 | So geschl. | €).* Dazu gehört eine Bar, in der Sie Billard spielen können. Zum Übernachten empfiehlt sich das Hotel *Les* *Deux Golfs (Tel. 04 68 40 99 42 | Fax 04 68 40 79 79 | www.hoteldes 2golfs.com | €)* am Minigolfplatz mit 30 einfachen, aber korrekten Zimmern mit Balkon. Auskunft: *Tel. 04 68 40 91 31 | Fax 04 68 40 24 76 | www.leucate.net*

PORT-BARCARÈS [125 F4]

Der große Badeort 10 km nördlich von Canet ist stolz auf seinen 8 km langen Sandstrand. Die Ferien- und Appartementhäuser sind kreisförmig um den Yachthafen (800 Liegeplätze) angelegt. Die Hauptattraktion des Orts heißt *Lydia (avenue de la Grande Plage | Juli/Aug. tgl, sonst Sa/So ab 23 Uhr):* ein auf Sand gesetzter, ausgemusterter Dampfer mit Kasino und Disco. Auskunft: *Tel. 04 68 86 16 56 | Fax 04 68 86 34 20 | www.portbarcares.com*

ST-CYPRIEN-PLAGE [125 F5]

Wann ist die Grenze der Ausbaufähigkeit erreicht? An der neueren Ma-

> # BLOGS & PODCASTS
> ## Gute Tagebücher und Files im Internet

> **www.audeflyer.com** – Ein Brite, der sich bei Carcassonne niedergelassen hat, gibt nützliche Infos – Flohmärkte, Festivals, Restaurants etc.

> **http://weingut-lisson.over-blog.com** – Eine deutsche Winzerin führt Tagebuch – sehr originell.

> **http://chezlouloufrance.blogspot.com** – Eine US-amerikanische Hobbyköchin im Minervois: viele Rezepte und schöne Fotos.

> **http://laviecevenole.blogspot.com** – Ein US-Amerikaner berichtet aus seinem Leben in den Cevennen.

> **www.podcast.de/episode/596313/ Die_Katharer** – Ein Feature des freien „Radio Helsinki" aus Graz zu den Katharern.

> **www.rfi.fr/actude/articles/103/ar ticle_294.asp** – Ein Beitrag von Radio France Internationale zum Musikfestival von Montpellier

Für den Inhalt der Blogs & Podcasts übernimmt die MARCO POLO Redaktion keine Verantwortung.

Ferienhochburg an der Sandküste des Roussillon: Badeleben in St-Cyprien-Plage

rina stehen bis zu zehn Stockwerke hohe Appartementhäuser, Hunderte von Yachten liegen an den Stegen im 8 km südlich gelegenen St-Cyprien. Die Palette der Sportangebote ist groß: 27-Loch-Golfplatz, Squash, Badminton, Segeln, Wasserski. Komfortabel wohnt es sich im 2005 renovierten Hotel *Les Mas d'Huston (50 Zi.* | *Golf de St-Cyprien* | *Tel. 04 68 37 63 63* | *Fax 04 68 37 64 64* | *www.golf-st-cyprien.com* | *€€€). Auskunft: quai Arthur Rimbaud* | *Tel. 04 68 37 68 00* | *Fax 04 68 21 43 89* | *www.tourisme-saint-cyprien.com*

COLLIOURE

[125 F6] ⭐ **An der Küste des Languedoc-Roussillon gibt es kein schöneres Städtchen (2700 Ew.).** Hier beginnt die Felsenküste, genannt Côte Vermeille (rote Küste). Beherrscht wird der malerisch in einer Bucht gelegene Ort vom festungsartigen Château Royal. Berühmt machten den ehemaligen Fischerort ab 1905 Maler wie André Derain, Georges Braque, Henri Matisse u. a.: die *fauves,* die „Wilden".

■ SEHENSWERTES
CHÂTEAU ROYAL
Von 1276 bis 1344 war das Schloss Sommerresidenz der mallorquinischen Könige, davor Stützpunkt der Tempelritter; im 17. Jh. fügte Festungsbaumeister Sébastien de Vauban die Bastionen hinzu. Wechselnde Kunstausstellungen. *Juni–Sept. tgl. 10–18, sonst 9–17 Uhr*

CHEMIN DU FAUVISME
Wo Henri Matisse und André Derain im Ort und an der Bucht ihre Staffeleien aufstellten, wurden 20 nummerierte Reproduktionen ihrer Bilder angebracht. *Führungen* (Sommer tgl., sonst Di–Fr sowie So-Nachmittag 9.30–12.30 und 15–19 Uhr | Tel. 04 68 98 07 16) im Sommer ab dem Quai de l'Amirauté **Insider Tipp**

ÉGLISE NOTRE-DAME-DES-ANGES
Die Kirche am Ende der Plage Boramar und unterhalb der Altstadt ist ein Wahrzeichen der Stadt dank des originellen runden Turms, dem ursprünglichen Leuchtturm des alten Hafens, der nun als Glockenturm dient. Im Halbdunkel des Kirchenraums prunken neun reich mit Gold verzierte, geschnitzte Altarblätter.

VIEUX QUARTIER DU MOURÉ
Die steilen, engen Gassen der Altstadt haben mit ihren bunten Häusern und versteckten Gärtchen spanisches Flair. Die *Rue Miradou* steigt zum

COLLIOURE

gleichnamigen Fort (17. Jh.) hinauf, das noch militärisch genutzt wird.

■ ESSEN & TRINKEN ■

LE 5ÈME PÉCHÉ
Katalanische Küche mit asiatischen Noten – der Küchenchef stammt aus Tokio und legt Wert auf extrafrischen Fisch und knackiges Gemüse. *18, rue de la Fraternité | Tel. 04 68 98 09 76 | Sept.–Juni Sa-Mittag und Di-Mittag geschl. | €€*

 LA CUISINE COMPTOIR
Sehr große Auswahl an leckeren und preisgünstigen Tapas. Am besten schmeckt es auf der Terrasse im Schatten eines Feigenbaums. Sie können die Gerichte auch mitnehmen und am Strand essen. *2, rue Colbert | Tel. 04 68 81 14 40 | Nov.–April Di/ Mi geschl. | €*

LE NEPTUNE
Der Feinschmeckertempel von Collioure! Besonders gut sind die delikaten Fischgerichte, die Sie auf einer ☼ Terrasse mit herrlichem Blick auf die Bucht genießen können. Unbedingt reservieren! *Route de Port-Vendres | Tel. 04 68 82 02 27 | Juli bis Sept. Di-Mittag und Mo, sonst Di/ Mi geschl. | www.leneptune-collioure. com | €€€*

■ EINKAUFEN ■

Auf der *Place Général-Leclerc* ist mittwochs und sonntagvormittags großer Markt.

■ ÜBERNACHTEN ■

L'ARAPÈDE 📶
Malerisch an einen Felsen über dem Meer gebaut, bietet dieses Hotel jede Menge Komfort: 20 elegante Zimmer, darunter eine ☼ Suite mit Meerblick, schöner Swimmingpool, Sonnenterrassen. Dazu gehört ein gutes *Restaurant (außer So mittags geschl. | €€)*. 15 Gehminuten zum Hafen von Collioure. *Route de Port-Vendres | Tel. 04 68 98 09 59 | Fax*

Museale, aber keineswegs steife Atmosphäre herrscht in der Bar des Hotels Les Templiers

04 68 98 30 90 | www.arapede.com |
€€€

CASA PAÏRAL
27 hübsche Zimmer in einem katalanischen Haus aus dem 19. Jh.; lau-
schiger Patio, Pool. Zentral, aber
ruhig in einer Sackgasse gelegen.
Impasse des Palmiers | Tel.
04 68 82 05 81 | Fax 04 68 82 52 10 |
www.hotel-casa-pairal.com | €€ – €€€

LES TEMPLIERS
Man wohnt fast wie im Museum: Die
Wände sind zugedeckt mit Gemälden, die der Wirt einst von seiner
mehr oder weniger berühmten Klien-
tel in Zahlung nahm oder geschenkt
bekam. Rustikal eingerichtete Zimmer, teils mit Blick aufs Château
Royal. Zum Hotel gehört ein gutes
katalanisches Restaurant. Wer Halb-
oder Vollpension wählt, kann Geld
sparen. *52 Zi. | 12, quai de l'Ami-*
rauté | Tel. 04 68 98 31 10 | Fax
04 68 98 01 24 | www.hotel-templie
rs.com | € – €€

■ STRÄNDE
Es gibt mehrere kleine Strände und
Badebuchten: im Ort *Plage Boramar*
und *Plage St-Vincent*, auf der ande-
ren Seite des Château Royal *Plage de*
Port d'Aval.

■ AM ABEND
Für einen Plausch bei einem Cocktail
oder einem Glas Wein eignet sich das
Petit Café (2, rue de la Prud'hommie).
Viel Stimmung und eine gute Auswahl
an Bieren finden Sie im *Piano-Piano*
(18, rue Rière). Ein Treffpunkt der
Einheimischen ist die Bar des Hotels
Les Templiers (quai de l'Amirauté).

■ AUSKUNFT
Place du 18 Juin | Tel. 04 68 82 15 47
| Fax 04 68 82 46 29 | www.collioure.
com

■ ZIELE IN DER UMGEBUNG
AMÉLIE-LES-BAINS-PALALDA   [125 E6]
Schon die Römer wussten die Schwe-
felquellen zu schätzen, und noch heute zieht der 35 km westlich gelegene
Ort in der schönen Pyrenäenregion
Vallespir mit seinen rund 3200 Ew.
vor allem Kurgäste an. Ein römisches
Schwimmbecken ist noch erhalten.
Sehenswert ist vor allem das einge-
meindete *Palalda:* Das hoch über
dem Flüsschen Tech gelegene Dorf
verlockt zum Bummel durch die
stimmungsvollen, blumengeschmück-
ten Gässchen. Zum Übernachten
empfiehlt sich das *Grand Hotel*
Reine Amélie (32, boulevard Petite
Provence | Tel. 04 68 39 04 38 | Fax
04 68 39 31 13 | www.reineamelie.
com | € – €€) mit 60 Zimmern, sechs
Appartements und Pool. Das dazuge-
hörige Restaurant bietet solide Regionalküche an.

ARLES-SUR-TECH   [125 D6]
Das Städtchen (2800 Ew.) 40 km
westlich entstand um eine bedeutende, im 9. Jh. von Karl dem Großen
gegründete Benediktinerabtei, von
der Kirche und Kreuzgang erhalten
sind. Der makellose, prächtige
Kreuzgang vom Ende des 13. Jhs. ist
der älteste seiner Art im Roussillon.
  Die großartige Bergwelt des Haut
Vallespir ist ein ideales Wanderrevier.
2 km von Arles Richtung Le Tech
zweigt ein Weg zu den sehenswerten
Gorges de la Fou (tgl. 10–18 Uhr)
ab. Das Flüsschen Fou hat hier eine

bis zu 250 m tiefe, enge Schlucht (teilweise 1 m breit und damit angeblich die schmalste Schlucht der Welt) von fast 2 km Länge mit einem Netz von Gängen und Höhlen gegraben. Ein anderer Ausflug von Arles führt auf einer sehr schönen Bergstraße

Seeleuten und die ⚜ *Tour Madeloc,* einen alten Wachtturm; die Aussicht von hier ist atemraubend.

BANYULS-SUR-MER [125 F6]

Auch ein schönes, altes Küstenstädtchen (4600 Ew.), weniger stark be-

Notre-Dame-de-Consolation: Wie das Kirchlein an der Bergstraße oberhalb von Collioure heißt dieses Segelboot, das vor Banyuls an der Côte Vermeille kreuzt

Insider Tipp nach *Corsavy,* einem urigen Bergdörfchen mit den Resten einer romanischen Kirche und einem alten Wachtturm.

Insider Tipp **BALCON DE MADELOC** ⚜ [125 F6]
Die schöne Bergstraße (D 86) zwischen Collioure und Banyuls (20 km) führt durch eine karge Landschaft. Man passiert die *Ermitage de Notre-Dame-de-Consolation* mit zahlreichen Exvoten (Weihegaben) von

sucht als Collioure. Der Badestrand aus Sand und Kies liegt östlich in einer geschützten, kleinen Bucht. Bekannt ist der Wein, ein schwerer, dem Muscat verwandter Tropfen. Große Kellereien liegen oberhalb des Orts an der D 86. Es gibt ein interessantes Aquarium mit 40 Becken, wo Sie über 250 Mittelmeerfische bewundern können *(plage du Fontaulé | Sommer tgl. 9–12 und 13–21 Uhr).* Gut übernachten und essen können

> *www.marcopolo.de/languedoc*

ROUSSILLON

Sie im *Les Elmes (31 Zi. | plage des Elmes | Tel. 04 68 88 03 12 | Fax 04 68 88 53 03 | www.hotel-des-el mes.com | €€–€€€)* direkt am Sandstrand. Das dazugehörige Restaurant *La Littorine (Juni–Sept. tgl., sonst Mo/Di geschl. | €€€)* zieht Feinschmecker aus der ganzen Region an. 4 km südwestlich von Banyuls liegt der *Mas Maillol,* wo der 1861 in Banyuls geborene Bildhauer Aristide Maillol oft arbeitete und beerdigt ist. In dem Bauernhaus sind Dokumente über Maillols Leben sowie einige seiner Werke ausgestellt.

CÉRET [125 E6]

Das charmante Städtchen (7000 Ew.) 30 km westlich von Collioure trägt mit Stolz den Beinamen „Mekka des Kubismus". Zu Beginn des 20. Jhs. wurde es von den Künstlern entdeckt und geliebt, allen voran von Pablo Picasso, der viele Kollegen zum Kommen animierte: Georges Braque, Henri Matisse, Jean Cocteau, Marc Chagall, Raoul Dufy, um nur einige zu nennen. Im ausgezeichneten ==Mu-sée de l'Art Moderne== *(Mitte Juni bis Mitte Sept. tgl. 10–19, sonst Mi–Mo 10–18 Uhr)* sind ihre Werke zu bewundern. Regelmäßig gibt es auch sehenswerte Ausstellungen zeitgenössischer Maler. Der großartige *Vieux Pont,* auch Pont du Diable genannt, stammt aus dem 14. Jh. und hat einen einzigen Bogen von 45 m Spannweite. Preiswerte Tapas und katalanische Snacks gibt es im beliebten Bistro *El Tall del Bisbe (10, boulevard Jean-Jaurès | Tel. 04 68 87 71 75 | Sommer So-Abend und Mo-Abend, sonst So und abends geschl. | €).*

PRATS-DE-MOLLO [125 D6]

Im hinteren Haut Vallespir mit seinen über 20 ausgeschilderten Wanderwegen liegt nahe der spanischen Grenze der hübsche Bergort (1100 Ew.). Er besteht aus einer mittelalterlichen Ville Haute und der belebten Ville Basse mit schönen Villen aus Granit. Beim Bummeln kommen Sie zur *Kirche* aus dem 13. Jh. Von dort führt ein rund 300 m langer Weg zu dem vom Festungsbaumeister Vauban errichteten *Fort Lagarde* (1692). Zum Übernachten und Essen (ausgezeichnete katalanische Küche!) empfiehlt sich das *Bellevue (place du Foiral | Tel. 04 68 39 72 48 | www.hotel-le-bellevue.fr | Hotel €, Restaurant €€).*

GRUISSAN

[125 F3] Dieses Ziel hat drei Gesichter: das alte Gruissan mit seinen ockerfarbenen Dächern, die sich schneckenförmig um den Felsen winden, auf dem der Stumpf eines Turms aufragt. Daneben entstand der Yachthafen Port-Gruissan am Étang du Grazel, der durch einen Kanal mit dem Meer verbunden ist. Drittens: Gruissan-Plage mit seinen als Schutz gegen Überschwemmungen auf Pfählen errichteten Ferienhäusern.

■ SEHENSWERTES

TOUR BARBEROUSSE ✵

Ein Fußweg führt um den Fels zu dem Turm mitten im alten Gruissan, dem Rest einer Burg.

■ ESSEN & TRINKEN

==LA CRANQUETTE==

In einem Gässchen im alten Gruissan liegt dieses Restaurant, wo sich Ein-

Insider Tipp

Insider Tipp

heimische, Badegäste aus Narbonne und Touristen um den Tresen und die Tische drängen. Krabbensuppe, katalanischer Tintenfisch und Sardellen gehören zu den Spezialitäten des Hauses. *10, rue de la République | Tel. 04 68 75 12 07 | Mai–Okt. tgl. | €€*

L'ESTAGNOL

Das renovierte Fischerhaus mit seiner Terrasse liegt am Ufer des Étang und ist der rechte Platz, um die Gaben des Meers in authentischer Zubereitung und südlichem Ambiente zu genießen. *12, avenue de Narbonne | Tel. 04 68 49 01 27 | Di-Mittag und Mo geschl. | mittags €, abends €€*

ÜBERNACHTEN

CHÂTEAU L'HOSPITALET ♫

Eine Oase der Ruhe auf einem Weingut mitten im Rebland der Hügel der Clape, die sich zwischen Narbonne und der Küste erstrecken. 38 stilvoll eingerichtete Komfortzimmer, Pool, Feinschmeckerrestaurant. Neben gepflegter Mittelmeerküche können Sie hier Weine aus eigenem Anbau kosten. *Route de Narbonne-Plage | Tel. 04 68 45 28 50 | Fax 04 68 45 28 78 | www.chateau-hospitalet-narbonne.federal-hotel.com | €€€*

HÔTEL DU PORT

Die 44 Zimmer und sechs Suiten mit ihren hellen, fröhlichen Farben machen den Aufenthalt ebenso angenehm wie der freundliche Empfang und der Pool. Im dazugehörigen Restaurant *(tgl. | €–€€)* wird solide Regionalküche angeboten. *Boulevard de la Corderie | Tel. 04 68 49 07 33 | Fax 04 68 49 52 41 | www.hotel-gruissan.com | €–€€*

SPORT & STRÄNDE

BADEN

Die *Plage des Chalets* von Gruissan-Plage erstreckt sich über rund 2 km entlang der Reihe niedriger Ferienhäuser. Kein gewöhnlicher Strand ist die *Plage Mateille:* Vorn hat man das Meer und auf der anderen Seite den Meerwassersee gleichen Namens, *Insid Tip* dessen Ufer ideal zum Baden und Sonnen abseits der Menge ist.

WINDSURFEN ▶▶

Fürs Windsurfen sind die Bedingungen dank der Meerwasserseen ideal. Großgeschrieben werden aber auch Funboard, Jetski, Segeln (Katamaran). *Gruissan Windsurf | Tel. 04 68 49 33 33 | www.gruissan-windsurf.com*

AM ABEND

Beliebt bei Nachtschwärmern sind die Bars *Le Raffiot* am Hafen und *La Villa (rue des Noctambules)* im *Parc de Mateilles.* Freunde von Jazz, Samba oder Flamenco kommen in der Bar des Weinguts *Château le Bouis* *Insid Tip* *(route de Narbonne-Plage | www.chateaulebouis.fr.)* in den Hügeln der Clape auf ihre Kosten: Auf der ☀ Terrasse kann man bei einem guten Tropfen die Musik genießen und den Blick schweifen lassen.

AUSKUNFT

Boulevard du Pech Maynaud | Tel. 04 68 49 09 00 | Fax 04 68 49 33 12 | www.gruissan-mediterranee.com

NARBONNE

[125 F3] Im Windschatten der Richtung Spanien und retour vorbeisausenden Autokarawane gelegen, ist Narbonne für viele nicht mehr als ein Etappenziel. Dabei hat die alte Stadt (47 000 Ew.), in römischer Zeit Hafen und Regierungssitz der Provinz Gallia Narbonensis, beeindruckende Zeugnisse aus ihrer langen Geschichte bewahrt. Mit der Verlandung des Hafens im 14. Jh. ging es indes wirtschaftlich bergab. Nur der mitten durch die Stadt geführte Canal de la Robine verbindet Narbonne noch mit dem rund 16 km entfernten Meer, aber der Lage im großen Weingebiet Corbières verdankt die Stadt heute einen soliden Wohlstand.

■ SEHENSWERTES

BASILIQUE ST-PAUL-SERGE

Neben der Kathedrale die größte Kirche der Stadt, errichtet an der Stelle einer frühchristlichen Nekropole.

Sehr schön ist der elegante Chor von 1229. Das Weihwasserbecken bei der Südpforte ist der berühmte *Bénitier à la Grenouille:* Der Legende nach versteinerte der Frosch zur Strafe für sein störendes Quaken während einer Messe.

CATHÉDRALE ST-JUST

Mit dem Palais des Archevêques und dem Hôtel de Ville bildet die Kathedrale einen mächtigen, burgartigen Gebäudekomplex mitten in der Altstadt. Nach der Grundsteinlegung 1272 entstand als Erstes der großartige Chor, mit 41 m einer der höchsten in Frankreich. Dem weiteren Bau widersetzten sich die Stadtväter, weil das die Zerstörung eines Teils der Stadtmauer bedeutet hätte. Das Innere schmücken u. a. eine prächtige Orgel und Wandteppiche aus Aubus-

Wie eine Burg erhebt sich das mächtige Gebäudeensemble von St-Just in Narbonnes Altstadt

son. Prunkstück des *trésor (Zugang rechts vom Chor | Juli/Aug. tgl. 10 bis 19, sonst 9–12 und 14–18 Uhr)*, des Kirchenschatzes, sind flämische Bildteppiche (15. Jh.), die die Schöpfung darstellen. Der Kreuzgang (14. Jh.) mit kunstvollen Wasserspeiern schließt sich südlich an die Kathedrale an.

MUSÉE LAPIDAIRE

In der ehemaligen *Église Notre-Dame-de-la-Mourguié* sind mehr als 1000 Fundstücke aus römischer und späterer Zeit versammelt: Stelen, Büsten, Sarkophage und andere Steinmetzarbeiten. *Place Lamourguié | Sommer tgl. 9.30–12.15 und 14–18, sonst 10–12 und 14–17 Uhr*

PALAIS DES ARCHEVÊQUES

Der Palast setzt sich aus Bauelementen verschiedener Epochen zusammen: dem Palais Vieux (12. Jh.), dem Palais Neuf (17. Jh.) und dem Donjon Gilles-Aycelin (12. Jh.). Im Palais Neuf sind das *Musée archéologique* mit Sammlungen zur Prähistorie und Funden aus römischer Zeit sowie das *Musée d'Art et d'Histoire* mit römischen Mosaiken, Gemälden, kostbaren Möbeln und Fayencen untergebracht. *Sommer tgl. 9.30–12.15 und 14–18, sonst 10–12 und 14–17 Uhr*

◼ ESSEN & TRINKEN ◼◼◼

L'ESTAGNOL

Gute Brasserieküche, zubereitet mit frischen Produkten aus der Region, die Sie mit Blick auf den Canal de la Robine genießen können. *5 bis, cours Mirabeau | Tel. 04 68 65 09 27 | Mo-Abend und So geschl. | €–€€*

TABLE ST-CRESCENT

In einem Gebäude aus dem 7. Jh. am Rand der Stadt ist Narbonnes Feinschmeckertempel untergebracht. Das Essen des Küchenchefs Claude Giraud ist so erlesen wie der Rahmen. Bei schönem Wetter können Sie die Köstlichkeiten auf einer schattigen Terrasse genießen. *68, avenue Général Leclerc (Landstraße nach Perpignan) | Tel. 04 68 41 37 37 | Sa-Mittag, So-Abend und Mo geschl. | www. la-table-saint-crescent.com | €€€*

◼ EINKAUFEN ◼◼◼

Ein Paradies für Schleckermäuler ist die alte, schön restaurierte *Markthalle (boulevard du Docteur-Ferroul)* beim Pont de la Liberté. Donnerstag- und sonntagvormittags ist auf der *Promenade des Barques* und dem *Cours Mirabeau* Markt.

◼ ÜBERNACHTEN ◼◼◼

GRAND HÔTEL DU LANGUEDOC

40 geräumige und komfortable Zimmer. *40 Zi. | 22, boulevard Gambetta | Tel. 04 68 65 14 74 | Fax 04 68 65 81 48 | www.hoteldulanguedoc.com | €–€€*

LA RÉSIDENCE

Zugleich zentral und ruhig gelegen, wenige Gehminuten vom Kanal entfernt. Das Gebäude aus dem 19. Jh. umfasst 26 geschmackvoll renovierte, komfortable Zimmer. *6, rue du 1er Mai | Tel. 04 68 32 19 41 | Fax 04 68 65 51 82 | www.hotelresidence. fr | €€*

◼ AM ABEND ◼◼◼

Im ▶▶ *Bal Masqué (6, rue Marcelin-Coural | tgl. bis 2 Uhr)* treffen sich

Fans von Salsa, afrikanischer und kubanischer Musik, abends oft Livebands. Eine Mischung aus Restaurant und Bar mit Musik aus den 1980er-Jahren, schmackhafter Küche und guten Weinen ist *Le Boulevard Café (4, place des Jacobins)*.

AUSKUNFT

31, rue Jean-Jaurès | Tel. 04 68 65 15 60 | Fax 04 68 65 59 12 | www.narbonne-tourisme.com

ZIELE IN DER UMGEBUNG

ABBAYE DE FONTFROIDE ★ [125 E3]

In einem stillen Tal, eingerahmt von üppiger, mediterraner Vegetation, liegt 15 km südwestlich die stattliche, bereits 1093 gegründete Zisterzienserabtei. Ihre Blütezeit erlebte sie im 12./13. Jh., als sie zur reichsten Abtei im Languedoc, aber auch des gesamten Ordens wurde. Bei der einstündigen Führung durch das Kloster werden die wechselvolle Geschichte und die Funktion einer großen Abtei lebendig. Stimmungsvoll sind die **nächtlichen Führungen** *(Mitte Juli–Mitte Aug. Do–Sa 22 Uhr). Im angeschlossenen Restaurant La Table de Fontfroide (im Sommer tgl. | €€) gibt es gute Mittelmeerküche. Führungen Juli/Aug. tgl. 10–18, April–Juni und Sept./Okt. 10 bis 12.15 und 13.45–17.30, sonst 10 bis 12 und 14–16 Uhr | www.font froide.com*

Insider Tipp

BAGES [125 F3]

Das Dorf mit kleinem Fischerhafen am Étang de Bages et de Sigean 10 km südlich ist ein noch erhaltenes Idyll an der so intensiv erschlossenen Küste. Folgt man der Straße Richtung Peyriac-de-Mer, kann man mit etwas Glück auf dem Wasser **Flamingoschwärme** bewundern.

Insider Tipp

Die Abbaye de Fontfroide war einst ein einflussreiches Zisterzienserkloster

CANAL DE LA ROBINE [125 F3]

Insider Tipp

Ein besonderes Erlebnis ist die Fahrt auf dem Kanal von Narbonne nach Port-la-Nouvelle. *23 Euro | Abfahrt Narbonne, cours Mirabeau 9 Uhr, Ankunft Port-la-Nouvelle 17 Uhr, Rückfahrt mit dem Bus 17.30 Uhr | Tel. 04 68 90 63 98 | www.cpie-nar bonnais.org*

NARBONNE-PLAGE, ST-PIERRE-SUR-MER UND MONTAGNE DE LA CLAPE [125 F3]
15 km östlich von Narbonne liegen die kilometerlangen Sandstrände, wo auch im Sommer jeder genug Platz hat. Die Strandpromenaden sind allerdings keine Zier – billige Imbissbuden, Souvenirläden und Appartementhäuser, so weit das Auge blickt.

Ein wohltuender Kontrast dazu sind die Hügel der *Montagne de la Clape* mit ihrer typischen Mittelmeervegetation. Hier wird seit Jahrhunderten Wein angebaut, mehrere Güter laden zur Kostprobe *(dégustation)* ein. Die ▶▶ Felsen der Clape sind ein beliebter Tummelplatz für Kletterer. Es gibt fünf Kletterpartien unterschiedlicher Schwierigkeitsgrade *(www.sudsportsnature.com)*. Beeindruckend ist die Schlucht *L'Œil-Doux:* riesige weiße Felswände, die wie ein antikes Theater einen kleinen, smaragdgrünen See umschließen. Sie erreichen sie zu Fuß (ca. eine Stunde, festes Schuhwerk!) auf einem Weg unter Olivenbäumen und Pinien. Ausgangspunkt ist ein kleiner Parkplatz an der Landstraße zwischen St-Pierre-sur-Mer und Fleury-d'Aude.

PERPIGNAN

KARTE IN DER HINTEREN UMSCHLAGKLAPPE

[125 E5] **Auch die Hauptstadt (105 000 Ew.) des Roussillon ist mehr als nur eine Etappe an der Autobahn.** Bis heute hat sich die Stadt ihre katalanische Eigenart bewahrt. Beim Bummel durch die Gassen der Altstadt, beim Espresso oder *café au lait* auf palmengesäumten Plätzen oder bei der Einkehr in einer *casa* oder *bodega* mit katalanischer Speisekarte fühlt man sich fast schon jenseits der Grenze.

■ SEHENSWERTES

CAMPO SANTO
Insider Tipp

Einer der ältesten mittelalterlichen Friedhöfe Frankreichs. Er bildet mit seinen restaurierten gotischen Arkaden, den Grabnischen der reichen Familien von Perpignan und den weiten Rasenflächen einen schönen Ort der Ruhe mitten in der Stadt. *Place Gambetta, südlich bei der Kathedrale St-Jean | Sept.–Juni Mo und Mi–Sa 10 bis 12 und 15–19, So 14–17 Uhr*

CASTILLET (CASA PAIRAL)
Der Backsteinbau aus dem 14. Jh. mit seinen beiden Türmen war einst Teil der Stadtbefestigung und diente als Stadttor. Vom ☀ Turm aus haben Sie einen schönen Blick auf die Stadt und die Umgebung. Im Innern des Gebäudes befindet sich die *Casa Pairal,* ein interessantes katalanisches Museum. *Place de Verdun | Mai–Sept. Mi–Mo 10–18.30, sonst 11 bis 17.30 Uhr*

CATHÉDRALE ST-JEAN
Eine der schönsten gotischen Kirchen des Mittelmeerraums. Begonnen 1324, wurde die Kathedrale erst 1509 geweiht. Romanisch ist ein Christusportal aus Marmor. Eindrucksvolle 48 m misst das einzige Schiff. In den zahlreichen Kapellen sieht man schöne Altarblätter. *Place Gambetta*

MUSÉE HYACINTHE RIGAUD
Neben den Gemälden des berühmten Porträtisten (1659–1743) aus Perpi-

gnan sind Werke von Raoul Dufy, Pablo Picasso, Aristide Maillol und anderen zu sehen. *Hôtel de Lazerme | 16, rue de l'Ange | Mai–Sept. Mi–Mo 12–18.30, sonst 11–17.30 Uhr*

PALAIS DES ROIS DE MAJORQUE

Die sternförmige Zitadelle mit ihren mächtigen Bastionen, gekrönt vom ehemaligen Palast der mallorquinischen Könige, ist die wichtigste Sehenswürdigkeit von Perpignan. Zuerst wurde im 13. Jh. auf dem Hügel Puig del Rey der Palast erbaut, das Bollwerk ringsum entstand nach der französischen Besetzung. Die Cour d'Honneur, der Ehrenhof, lässt die einstige Pracht der Residenz erahnen. Ansonsten ist der strenge Palast so gut wie leer. Vom ☀ Turm hat man einen weiten Blick über die Stadt bis zu den Pyrenäen. *4, rue des Archers | Juni–Sept. tgl. 10–18, sonst 9–17 Uhr*

◼ ESSEN & TRINKEN ◼

LA CUISINE COMPTOIR

Einfache spanische Gerichte und Tapas, die man sich am Tresen aussuchen kann. Im Speisesaal gibt es ab und an Flamenco. Wer will, kann auch draußen essen und dem Treiben in den kleinen Gassen zusehen. *5, place Grétry | Tel. 04 68 38 03 32 | So geschl. | €*

LES 3 SŒURS ▶▶

Insider Tipp

Der hippe Treffpunkt von Perpignan! Unter einem Kellergewölbe oder auf der Terrasse klassische katalanische Küche und Tapas. Die drei Schwestern organisieren von Zeit zu Zeit auch Männer-Striptease-Abende für

Südliches Flair herrscht in den katalanisch geprägten Altstadtgassen von Perpignan

PERPIGNAN

Damen. *2, rue Fontfroide | Tel. 04 68 51 22 33 | So/Mo geschl. | €€*

■ ÜBERNACHTEN ■

HÔTEL DE LA LOGE
In einem Gebäude aus dem 17. Jh. ist dieses preisgünstige kleine Hotel untergebracht. 21 hübsch eingerichtete Zimmer (teilweise mit Klimaanlage), zentrale Lage. *1, rue des Fabriques d'en Nabot | Tel. 04 68 51 71 30 | Fax 04 68 51 25 13 | www.hoteldela loge.fr | €*

HÔTEL VILLA DUFLOT 🔊
Traumhaft: Die wunderschöne, in mediterranem Stil erbaute Villa liegt in einer grünen Oase, hat reizend möblierte, große Zimmer, luxuriöse Bäder und einen Pool. Im Restaurant feine Küche. *24 Zi. | rond-point Albert Donnezan | Tel. 04 68 56 67 67 | Fax 04 68 56 54 05 | www.villa-du flot.com | €€€*

■ AUSKUNFT ■
Place Armand-Lanoux | Tel. 04 68 66 30 30 | Fax 04 68 66 30 26 | www.perpignantourisme.com

■ ZIELE IN DER UMGEBUNG ■

Insider Tipp **CASTELNOU** [125 E5]
Ein mittelalterliches Bilderbuchdorf 18 km südwestlich mit der ältesten Burg (um 990 begonnen, im 19. Jh. restauriert) des Roussillon. Im Schloss werden **Insider Tipp** exzellente Weine aus dem umliegenden Rebland verkauft. *Juni bis Aug. tgl. 10–19 Uhr*

FORT DE SALSES [125 E4]
Das im 15. Jh. erbaute, prächtige Fort wenige Kilometer nördlich erinnert an die Zeit, als Frankreich und Spa-

nien um das Roussillon kämpften. Bei der Führung wird außer militärtechnischen Einrichtungen auch der für seine Zeit überaus moderne Wohnkomfort gezeigt: WC, Kühlanlagen, eine Art Sauna und mehr. *Juni–Sept. tgl. 9.30–19, sonst 10 bis 12.15 und 14–17 Uhr | http://salses. monuments-nationaux.fr*

ILLE-SUR-TÊT [125 D5]
Das sympathische Städtchen 26 km westlich mit seinen schmalen, mittelalterlichen Gassen wird vom viereckigen Glockenturm der Kirche *St-Étienne-del-Pradaguet* (14. Jh.) überragt. Einen Besuch lohnt das überaus reich mit sakraler Kunst bestückte ⭐ *Hospici d'Illa,* in dem auch interessante wechselnde Ausstellungen zu sehen sind *(Mitte Juni–Sept. Mo bis Fr 10–12 und 14–19, Sa/So 14 bis 19, sonst Mi–Mo 14–18 Uhr, Dez./ Jan. geschl).* In nordöstlicher Richtung, nahe am Ortsausgang, ist das Naturwunder Les Orgues zu betrachten: Felssäulen wie überdimensionale Orgelpfeifen oder Schornsteine. *Juli/Aug. tgl. 9.30–20, April–Juni und Sept. 10–18.30, sonst 10–12.30 und 14–17 Uhr*

CHÂTEAU DE PEYREPERTUSE ⭐ [125 D4]
Der Aufstieg, erst im Auto, dann gut 20 Minuten zu Fuß (festes Schuhwerk erforderlich!) zu der knapp 50 km nordwestlich gelegenen Burganlage ist atemraubend. Die größte Burg im *pays cathare* erstreckt sich über 90 000 m² und gleicht mit ihren fast 2,5 km langen Mauern eher einer Stadt auf schroffem Fels. Sie lag im 12. Jh. im Machtbereich des Königs

von Aragón und und war daher zunächst vom Kreuzzug gegen die Katharer nicht betroffen. Erst als sich 1240 mehrere „Ketzerherren" hierher flüchteten, wurde sie belagert, und Guilhem de Peyrepertuse ergab sich dem französischen König. Die Burg besteht aus drei Teilen: untere und mittlere Befestigungsmauern sowie

den Donjon des Château St-Georges ist die  *Kapelle Sant Jordy* gebaut, mit 796 m der höchste Punkt von Peyrepertuse. Von hier reicht der Blick bis zum Mittelmeer. *Juli/Aug. tgl. 9–20.30, Juni und Sept. 9–19, April/Mai und Okt. 10–18.30, Feb./ März und Nov./Dez. 10–17 Uhr | www.chateau-peyrepertuse.com*

Château de Peyrepertuse diente im Mittelalter verfolgten Katharern als Schutzburg

Donjon Sant Jordy bzw. Château St-Georges. Gegenüber dem einzigen Eingang zur Burg liegt die romanische Kirche Ste-Marie. Daneben steht der alte Donjon. Der mittlere Teil der Burg wird durch einen Wachtturm *(tour de guet)* gesichert. Zum obersten Teil steigt man über die in den Fels gehauene *Escalier de St-Louis,* eine Treppe, die Ludwig der Heilige um 1242 anlegen ließ. An

CHÂTEAU DE QUÉRIBUS   [125 D4]

Am Weg nach Peyrepertuse liegt knapp 40 km nordwestlich von Perpignan  Château de Quéribus wie ein Adlerhorst auf steilem, 728 m hohem Fels. Die Burg wurde nach dem Fall von Montségur 1255 als letzte katharische Bastion nach kurzer Belagerung gegen freies Geleit übergeben. Nach umfangreichem Ausbau diente sie dem französischen König zur Sicherung des Roussillon und der Grenze nach Aragón. Quéribus besteht aus drei übereinander gelegenen Befestigungen. Kernstück ist der mächtige Donjon mit einem schönen gotischen Gewölbesaal und zentralem Pfeiler. *Juli/Aug. tgl. 9–20, April–Juni und Sept. 9.30–19, März und Okt. 10–18, Nov., Dez. und Feb. 10–17 Uhr*

TAUTAVEL ⭐   [125 E4]

30 km nordwestlich macht die Hochburg der Vorgeschichte im Roussillon mit dem 450 000 Jahre alten *Homme de Tautavel* bekannt, dessen Schädel- und Skelettreste 1971 und 1979 in der Grotte Caune de l'Arago gefunden wurden. Das *Musée de Tautavel/Centre Européen de Préhistoire* bringt Besuchern mit moderner Technik das Leben in der Ebene des Roussillon zwischen 700 000 und 100 000 v. Chr. nahe – samt der Nachbildung der Grotte Caune de l'Arago und dem Skelett des rund 1,65 m großen Homme de Tautavel. *Juli/Aug. tgl. 10–19, April–Juni und Sept. 10–12.30 und 14–18, sonst 10 bis 12.30 und 14–17 Uhr | www.tautavel.com*

PRADES

[125 D5] **Das Städtchen (6000 Ew.) am Fuß des Pic du Canigou ist das geeignete Standquartier für Ausflüge in die Gegend.** Von Ende Juli bis Mitte August pilgern zudem Musikfreunde aus aller Welt zum Festival Pablo Casals in den hübschen Ort beziehungsweise in die benachbarte Abbaye St-Michel-de-Cuxa. 1950 wählte der große Cellist (1876–1973) Prades während der Franco-Diktatur als Exil.

■ SEHENSWERTES

ÉGLISE ST-PIERRE

Die Altstadt wird vom imposanten Glockenturm der Kirche überragt. Man erbaute ihn im 12. Jh. aus dem heimischen Marmor. Im Innern prunkt

Bis ins 9./10. Jh. reichen die Ursprünge der Benediktinerabtei St-Michel-de-Cuxa zurück

ein herrlicher Barockaltar des großen katalanischen Bildhauers Joseph Sunyer. Sehenswert auch eine Pietà, ein schwarzer Christus aus dem 16. Jh. und der Kirchenschatz *(trésor | Juli bis Sept. Mo–Fr 10–12 und 15.30–18 Uhr).*

MUSÉE PABLO CASALS

Ein Saal ist dem weltberühmten Cellisten Pablo Casals gewidmet, der viele Jahre während seines Exils in Prades lebte und 1950 in der Kirche St-Pierre zum 200. Todestag von Johann Sebastian Bach ein großes Festival organisierte. In den anderen Sälen sind Gemälde des aus dem Roussillon stammenden Malers Martion Vives sowie eine archäologische Sammlung untergebracht. *4, rue Victor-Hugo | Sommer Mo–Fr 9–12 und 14–18, sonst 9–12 und 14–17 Uhr*

ESSEN & TRINKEN
LES JARDINS D'AYMERIC

Am Busbahnhof gelegen und von außen eher unscheinbar, doch das Essen ist ausgezeichnet und kreativ, der Chef legt Wert auf beste, frische Produkte. *3, avenue du Général de Gaulle | Tel. 04 68 96 53 38 | So-Abend und Mo geschl. | €€*

ÜBERNACHTEN
LE MOLIÈRE

13 km südlich von Prades in *Casteil* am Fuß des Pic du Canigou liegt dieses charmante, kleine Familienhotel mit acht einfach, aber komfortabel eingerichteten Zimmern. Im Restaurant bekommen Sie sehr gute Regionalküche. *Tel. 04 68 05 50 97 | www. lemoliere.com | Hotel €, Restaurant €€*

AUSKUNFT

4, rue des Marchands | Tel. 04 68 05 41 02 | Fax 04 68 05 21 79 | www.prades-tourisme.com

ZIELE IN DER UMGEBUNG
ABBAYE ST-MARTIN-DU-CANIGOU ⭐   [125 D6]

Das Ensemble der Klosterbauten 12 km südlich auf 1094 m Höhe vor dem Schneegipfel des Pic du Canigou ist hinreißend. Der steile Anstieg vom Dorf Casteil (2 Std. hin und zurück) in einer herrlichen Bergwelt bereitet angemessen auf die Begegnung vor. St-Martin-du-Canigou wurde 1001 gegründet, im 15. Jh. zerstörte ein Erdbeben die Abtei, die erst im 20. Jh. weitgehend wieder aufgebaut wurde. Nach der Besichtigung empfiehlt sich der Aufstieg rechter Hand über eine Treppe durch den Wald zu einem ☀ Felsvorsprung, von wo man die gesamte Anlage mit den Bergen im Hintergrund vor sich hat. *Führungen Juni–Sept. tgl. 10–17 Uhr stdl., sonst 10, 11, 14, 15 und 16 Uhr, Jan. geschl. | http://stmartinducanigou.org*

ABBAYE ST-MICHEL-DE-CUXA   [125 D5]

Das uralte Kloster 3 km südlich war bereits in vorromanischer Zeit ein kultureller Mittelpunkt des Roussillon. Die Kirche wurde 974 geweiht; zahlreiche bedeutende Männer ihrer Zeit, darunter der Doge von Venedig, suchten hier innere Einkehr. Während der Französischen Revolution wurde das Kloster verkauft, seine Kunstschätze wurden verschleudert. Alljährlich Ende Juli bis Mitte August findet in der Abtei das in der Musikwelt berühmte Festival Pablo

PRADES

Casals statt. *Mai–Sept. tgl. 9.30–12 und 14–18, sonst 9.30–12 und 14–17 Uhr, So-Vormittag geschl.*

FONT-ROMEU UND ODEILLO [124 C6]

45 km westlich auf einer Höhe von 1800 m gelegen, ist der Ort aus der Retorte (um 1920 geschaffen, 2000

Ausstellung erfahren Sie alles Wissenswerte über Sonnenenergie und die Arbeit des Forschungszentrums.

LE PETIT TRAIN JAUNE [124–125 B–D 5–6] *Inside Tip*

Der „kleine gelbe Zug" zuckelt vom 4 km westlich gelegenen Villefranche-

Der größte Sonnenofen der Welt in Odeillo bei Font-Romeu lohnt einen Besuch

Ew.) eines der wichtigsten Skiziele der französischen Pyrenäen und wird wegen seines ausgezeichneten Klimas ganzjährig besucht. Sehenswert ist der *Four solaire (Juli/Aug. tgl. 10 bis 19.30, sonst 10–12.30 und 14–18 Uhr | www.enr66.com/list.php?Id=2)* im 3 km entfernten Dorf *Odeillo*. Der mit 3000 m² Spiegeln größte Sonnenofen der Welt dient den Wissenschaftlern zur Erforschung keramischer und metallurgischer Stoffe bei extremen Temperaturen. In einer

de-Conflent in den auf 1231 m gelegenen Grenzort Latour-de-Carol. Ursprünglich sollte er die abgelegenen Pyrenäentäler erschließen. Heute ist der Zug ein Touristenmagnet erster Güte. Die Fahrt führt über zwei beeindruckende Talbrücken und 19 Tunnel durch eine Berglandschaft von atemraubender Schönheit. Diese können Sie dank der gemächlichen Geschwindigkeit ganz ausführlich genießen. Sie können die Fahrt auch unterbrechen und beispielsweise in

Font-Romeu oder Mont-Louis halt-machen. Im Sommer gibt es auf der 63 km langen Strecke täglich etwa sechs Hin- und Rückfahrten; Aus-kunft bei den örtlichen Fremdenver-kehrsbüros, Hin- und Rückfahrt für die Gesamtstrecke 38 Euro, Teilstre-cken sind entsprechend billiger.

PIC DU CANIGOU ⭐ [125 D6]

Mit 2784 m ist der gut 20 km südlich gelegene Canigou zwar keineswegs der höchste Berg der französischen Pyrenäen, sein stolzes Profil und die ganzjährige Schneekappe haben ihm jedoch den Beinamen „Fudschijama des Roussillon" eingebracht. Nur zwei Forstwege führen bis in Gipfel-nähe, von denen einer für normale PKW nicht befahrbar ist; man kann aber von Prades aus mit Geländewa-gen bis zum Chalet-Hôtel des Corta-lets fahren, von wo es bis zum Gipfel rund 1,5 Stunden zu Fuß sind.

PRIEURÉ DE SERRABONE [125 D5]

Ein stiller Ort der Einkehr ist dieses kleine Kloster 25 km östlich. Es wur-de im 11. Jh. von Augustinern ge-gründet, die hier im kargen, von der Sonne ausgedörrten Hügelland der Aspres wie die Eremiten lebten. Die Askese hinderte sie nicht, die besten Bildhauer und Steinmetzen des Rous-sillon zu engagieren, die aus Serra-bone eine Perle der Romanik mach-ten. Vorbei an den prächtigen Kapi-tellen der säulengeschmückten Süd-galerie betritt man die aus großen Schieferblöcken errichtete Kirche. Sie birgt ein Kunstwerk von hohem Rang: die reich geschmückte, säulen-getragene Tribüne aus rosa Marmor mit herrlichen Kapitellen. Neben

Greif, Adler und Löwe sieht man En-gel und Monstren in der Darstellung der Apokalypse. *Tgl. 10–18 Uhr*

VERNET-LES-BAINS [125 D6]

Schön ist der Anblick des 12 km süd-lich gelegenen Dorfs (1500 Ew.) mit dem weiß leuchtenden Pic du Cani-gou im Hintergrund, der schon den englischen Schriftsteller Rudyard Kipling begeistert hat. Im neueren Ortsteil liegt das kleine Kurzentrum mit Thermalquelle. Das alte Vernet ist ein Gebirgsdorf mit steilen Gäss-chen und der hoch gelegenen *Église St-Saturnin* aus dem 12. Jh., daneben eine wieder aufgebaute *Burg* mit zin-nengekröntem ⚜ Turm.

VILLEFRANCHE-DE-CONFLENT [125 D5]

Der militärische Zweck hat dem Ort (260 Ew.) 5 km südwestlich am Zu-sammenfluss von Têt und Cady den Stempel aufgedrückt. Hohe Mauern und Bastionen geben von außen den Eindruck einer Festung. Im Innern findet man ein reizendes Ministädt-chen mit Plätzen und Gassen – be-sonders schön abends, wenn die vie-len Souvenirläden geschlossen sind. Lange war die 1090 gegründete Stadt das wirtschaftliche Zentrum der Re-gion, woran stattliche Wohnhäuser erinnern. Die imposanten Wälle *(remparts)* sind zu besichtigen *(Som-mer tgl. 10–20 Uhr)*. Sehenswert ist auch die stattliche Kirche *St-Jacques* (12./13. Jh.) mit einer Fassade aus rosa Marmor. Über dem Ort thront *Fort Liberia (Sommer tgl. 10–20 Uhr | www.fort-liberia.com | Pendelbus von Villefranche)*, eine Verteidi-gungsanlage, die Sébastien Vauban 1679 errichtete.

QUILLAN

[124 C4] Das lebendige Städtchen (3500 Ew.) am Schnittpunkt wichtiger Straßen ins einsame Hochplateau Capcir, in die Bergwelt der Cerdagne und nach Spanien ist ein günstiges Standquartier für Ausflüge zu den westlichen Katharerburgen.

ESSEN & TRINKEN ÜBERNACHTEN

CANAL
14 funktionelle Zimmer und schmackhafte Hausmacherkost. *36, boulevard Charles de Gaulle | Tel. 04 68 20 08 62 | Fax 04 68 20 27 96 | So-Abend und Mo geschl. | €*

CARTIER
Mitten im Ortszentrum 28 komfortable Zimmer und eine gediegene Regionalküche *(im Sommer tgl. | €–€€).*

31, boulevard Charles de Gaulle | Tel. 04 68 20 05 14 | Fax 04 68 20 22 57 | www.hotelcartier.com | €

AUSKUNFT

Square André Tricoire | Tel. 04 68 20 07 78 | Fax 04 68 20 04 91 | www.aude-en-pyrenees.fr

ZIELE IN DER UMGEBUNG

GORGES DE L'AUDE/CAPCIR **[124 C4-6]**
Von der D 117 zwischen Quillan und St-Paul-de-Fenouillet zweigt die D 118 ab, die südwärts durch die Haute-Vallée de l'Aude und das Hochplateau Capcir bis Mont-Louis führt. Eine schöne Strecke, die zuerst durch die engen, von hohen Felsen eingerahmten *Gorges St-Georges,* dann durch die wilden ▶▶ *Gorges de l'Aude* führt – ein Paradies für Kanu- und Kajakfans (Infos: *www.rocaqua.*

▷ BÜCHER & FILME
Ob Doku oder Thriller: Die Katharer mischen mit

▷ **Das verlorene Labyrinth** – Der spannende Mysterythriller der britischen Krimiautorin Kate Mosse spielt in der Cité von Carcassonne zur Zeit der Inquisition gegen die Katharer.

▷ **Geschichte der Katharer** und **Die große Ketzerei** – Bücher zum Thema Katharer eignen sich durchaus auch als Ferienlektüre, wenn sie so lebendig und dabei historisch fundiert geschrieben sind wie diese beiden opulenten Werke von Malcolm Lambert bzw. Lothar Baier.

▷ **Sakrileg** – Der Bestseller von Dan Brown hat seine Wurzeln im Roussillon: Inspiriert wurde er von den Thesen des Priesters Bérenger Saunière,

der 1885 im Dorf Rennes-le-Château nahe Quillan in einer alten Kapelle Pergamentrollen fand, die die Geschichtsschreibung des Vatikans zu Maria Magdalena stark infrage stellen.

▷ **Couscous mit Fisch** – Die Hafenstadt Sète bildet die Kulisse dieses preisgekrönten Films von Abdellatif Kechiche, der die bewegende Geschichte eines tunesischen Einwanderers erzählt, der von einem eigenen Restaurant träumt.

▷ **Die Katharer** – Das tragische Schicksal der Katharer schildert dieser Dokumentarfilm von Michel Roquebert, Anne Brenon und Chema Sarmiento für den Kultursender Arte.

com). Ein herrliches, aber wenig bekanntes und daher nicht zu überlaufenes Wandergebiet ist das nahe *Capcir* mit seinen einsamen Tälern, Wäldern und urigen Dörfern.

GORGES DE LA PIERRE-LYS [124 C4]

Eine besonders schöne und wilde Schlucht 7 km südöstlich. Die Passage durch den Fels wurde 1777 unter aktiver Teilnahme des Abbé Félix Armand aus Quillan geschaffen. Man nennt sie daher *Trou du Curé,* Loch des Pfarrers.

CHÂTEAU DE MONTSÉGUR [124 B4]

Mit dieser Katharerburg rund 40 km westlich ist der Mythos der Sekte eng verbunden. Im letzten Zentrum des Widerstands, ihrer heimlichen Hauptstadt, hielten die Katharer zehn Monate lang einem katholischen Heer von rund 10 000 Mann stand, ehe die Feste fiel. Über 200 Katharer, die ihrem Glauben nicht abschwören wollten, wurden am 16. März 1244 auf einem riesigen Scheiterhaufen unterhalb der Burg verbrannt. Ein Gedenkstein am Zugangspfad markiert die Stelle des Scheiterhaufens. *Juli/ Aug. tgl. 9–19.30, April–Juni 10 bis 18.30, Okt. 10–18, März und Nov. 10.30–17, Dez. und Feb. 11–16.30 Uhr | www.montsegur.fr*

CHÂTEAU DE PUILAURENS ☼ [124 C4]

Immer noch strahlt die Burgruine 15 km südöstlich von Quillan geballte Wehrhaftigkeit aus: 700 m hoch, mit Türmen und hohen Mauern auf steil abfallendem Fels, war die Burg praktisch uneinnehmbar. Sie sicherte die Grenze mit Aragón und diente im Kreuzzug gegen die Katharer einigen

Schwer zugänglich ragt die Ruine des Château de Puilaurens aus dem Fels

bonshommes und enteigneten *seigneurs* als Zufluchtsort. *Juli/Aug. tgl. 9–20, April–Juni und Sept. 10–18, Okt. 10–17 Uhr*

CHÂTEAU DE PUIVERT [124 C4]

Das Schloss 16 km westlich entstand wie die anderen Katharerburgen erst nach dem Kreuzzug. Umgeben von der Mauer mit sechs Türmen, erstreckt sich der 80 m lange und 40 m breite Hof. Im 32 m hohen Donjon erklingt im Sommer Musik vom Band aus der Zeit der Troubadoure. *Mai–Mitte Nov. tgl. 9–19 Uhr | www. chateau-de-puivert.com*

Im Dorf Puivert befindet sich das *Musée du Quercorb (16, rue du Barry-du-Lion | Mitte Juli–Aug. tgl. 10 bis 19, April–Mitte Juli und Sept. 10 bis 12.30 und 14–18, Okt. 14–17 Uhr | www.quercorb.com/musee-du-quercorb),* in dem Nachbauten historischer Musikinstrumente zu sehen sind.

Insider Tipp

> WO DER WIND DER FREIHEIT WEHT

Gorges du Tarn, Corniche des Cévennes, Mont Aigoual –
die Cevennen trumpfen mit großartiger Natur auf

> **Nur 65 km Luftlinie sind es von den Hochhauspyramiden von La Grande-Motte zum 1565 m hohen Mont Aigoual. Dazwischen liegen Welten.**
Während sich unten an den Mittelmeerstränden die Badegäste drängen, herrscht auf den Höhen der Cevennen schier grenzenlose Freiheit. Das Gebiet der wilden Schluchten, der Kalkhochflächen *(causses)*, Kastanienwälder und Grotten war schon immer ein Zufluchtsort für Anders-

gläubige, Aufständische und Einsamkeitsfanatiker.

Inzwischen hat sich einiges geändert, wenn auch nicht die Landschaft. Touristen unserer Tage können es halten wie einst Robert Louis Stevenson und sich mit einem Esel auf die Spuren des Autors der „Schatzinsel" begeben. Auf den *causses* und Berghöhen können Sie noch stunden- oder manchmal sogar tagelang wandern, ohne einem anderen Menschen

Bild: Gorges de l'Ardèche

CEVENNEN

zu begegnen. Sie können aber auch, wie viele andere, im Kanu auf dem Tarn paddeln oder die Panoramastraße Corniche des Cévennes im Auto befahren.

ALÈS

[121 D5] Der erste Eindruck der Stadt (40 000 Ew.) am Fuß der Cevennen ist nicht gerade einladend: Man meint, in einem Arbeitervorort anzukommen. Doch hinter den tristen Reihen ehemaliger Arbeiterwohnhäuser am Fluss Gardon liegen ein ansprechender Stadtkern und belebte Avenuen. Die Zeit, als hier Kohle abgebaut wurde und die Eisen-, Glas- und Maschinenindustrie blühte, ist vorbei. Alès entwickelt sich in den letzten Jahren mehr und mehr zu einer touristischen Drehscheibe und zum Ausgangsort für die Entdeckung der Cevennen von Süden her.

ALÈS

Klein-Asien im Languedoc-Roussillon: der Bambushain von Prafrance

■ SEHENSWERTES ■

CATHÉDRALE ST-JEAN
Vom ersten, romanischen Bau ist nur die Westfassade erhalten. An das gotische Schiff schließt sich der Renaissancechor an, der im 18. Jh. restauriert wurde. Besondere Beachtung verdienen das schöne Chorgestühl, der bilderreiche Hauptaltar und das Taufbecken mit einem Gemälde, das die Taufe Jesu darstellt.

MUSÉE BIBLIOTHÈQUE PIERRE-ANDRÉ BENOÎT
Beeindruckend ist die Sammlung des Stifters Pierre-André Benoît (1921 bis 1993), seines Zeichens Maler,

Dichter, Bildhauer und Drucker. Sie umfasst Werke von Georges Braque, Pablo Picasso, Joan Miró und anderen Künstlern. Dazu auch noch ein schöner Rahmen: das Schloss der Bischöfe von Alès und der Park, in dem Werke des belgischen Künstlers Pierre Alechinsky stehen. *Ortsteil Rochebelle | 52, montée des Lauriers | Sommer Di–So 14–19, sonst Di–Sa 14–18, So 10–12 und 14–18 Uhr*

■ ESSEN & TRINKEN ■

VERTIGE DES SENTEURS ✹ Insid Tip
In einem Landhaus aus dem 19. Jh. 4 km von Alès bereitet der junge Koch Stéphane Delsuc kreative Gerichte aus frischen Produkten zu. Vom Speisesaal haben Sie einen schönen Blick über die Cevennen. *35, chemin de l'Usclade | St-Privat-des-Vieux | Tel. 04 66 91 08 84 | Juli/Aug. Sa-Mittag, sonst So-Abend und Mo geschl. | www.vertige-des-senteurs.fr | €€ – €€€*

■ ÜBERNACHTEN ■

IBIS HÔTEL 🔊
Das Haus ist zentral gelegen, modern und komfortabel. *75 Zi. | 18, rue Edgar Quinet | Tel. 04 66 52 27 07 | Fax 04 66 52 36 33 | € – €€*

■ AUSKUNFT ■
Place de la Mairie | Tel. 04 66 52 32 15 | Fax 04 66 52 57 09 | www.ville-ales.fr

■ ZIELE IN DER UMGEBUNG ■

ANDUZE   [121 D5]
Die Häuser des stimmungsvollen alten Städtchens (3000 Ew.) 13 km südwestlich von Alès drängen sich im Tal des Gardon bei einer Klamm,

der Porte des Cévennes, aneinander. Die strategisch vorteilhafte Lage bewog 1622 den Anführer der Protestanten, den Duc de Rohan, Anduze zum Hauptquartier zu machen und zu befestigen. Heute empfiehlt sich das Städtchen als Ausgangspunkt für Wanderungen in die Umgebung. Dabei haben Sie die Wahl zwischen mehr als einem Dutzend markierter Wege. Sehr gut essen können Sie im Restaurant *Le Moulin de Corbès (route de St-Jean-du-Gard | Tel. 04 66 61 61 83 | Fax 04 66 61 68 06 | www.moulin-corbes.com | €€).* Dazu gehören fünf komfortable Gästezimmer. Auskunft: *plan de Brie | Tel. 04 66 61 98 17 | www.ot-anduze.com*

BAMBOUSERAIE DE PRAFRANCE ⭐ [121 D5]

Entstanden ist der Bambushain 10 km südwestlich bei Anduze 1855. Damals brachte der Kaufmann und Asienreisende Eugène Mazel die ersten Pflanzen mit, die von dem vorteilhaften Mikroklima und dem reichlich vorhandenen Grundwasser profitierten. Im Lauf der Zeit wurde das Areal auf 400 000 m² erweitert; hier wachsen u. a. auch Sequoias aus Kalifornien, Magnolien, Palmen und Bananenstauden. Es gibt ein *village asiatique* mit laotischen Hütten und ein *village musical,* das komplett aus Bambus errichtet wurde. *März–Mitte Nov. tgl. 9.30 Uhr–Sonnenuntergang | www.bambouseraie.net*

GORGES DE L'ARDÈCHE [121 E4]

Die rund 50 km nordöstlich gelegene Schlucht der Ardèche zählt zu den besonders imposanten Canyons Frankreichs. Spektakulär ist die Haute Corniche auf einer Länge von fast 50 km zwischen Vallon-Pont-d'Arc und Pont-St-Esprit. Im Sommer tummeln sich hier Scharen von Badenden, der Fluss wird von zahllosen Kajaks und Kanus befahren. Die Ardèche entspringt in 1467 m Höhe im Massif Central und mündet nach 119 km bei Orange in die Rhône.

GROTTE DES DEMOISELLES ⭐ [120 C6]

Die Stalagmiten und Stalaktiten in der 1770 entdeckten Grotte 60 km südwestlich von Alès tragen zu Recht

MARCO POLO HIGHLIGHTS

⭐ **Bambouseraie de Prafrance**
Hier wächst der Bambus bis zu 35 m hoch (Seite 83)

⭐ **Grotte des Demoiselles**
In der Grotte der Feen thront La Vierge (Seite 83)

⭐ **Gorges du Tarn**
Vom Point Sublime aus präsentiert sich der Canyon von seiner besten Seite (Seite 87)

⭐ **Viaduc de Millau**
Die höchste Autobahnbrücke der Welt führt bei Millau über den Tarn (Seite 92)

⭐ **Chaos de Montpellier-le-Vieux**
Das Felslabyrinth war lange Zeit ein gemiedener Ort (Seite 91)

⭐ **Corniche des Cévennes**
Fahrgenuss und tolle Ausblicke bei Florac (Seite 86)

Bizarre Tropfsteingebilde in der
Grotte des Demoiselles bei Alès

Namen wie *Vierge à l'enfant* (Madonna mit Kind) oder *Buffet d'orgues* (Orgelprospekt). Diese Meisterstücke der Natur sind in einer wahren unterirdischen Kathedrale von 150 m Länge, 80 m Breite und 50 m Höhe zu bewundern. *Juli/Aug. tgl. 10–18, April–Juni und Sept. 10–17, sonst 10 bis 12 und 14–17 Uhr | www.demoiselles.fr*

MUSÉE DU DÉSERT [121 D5] *Inside Tip!*

Das sehenswerte Museum im knapp 20 km westlich gelegenen Mialet erinnert an den Glaubenskampf der Kamisarden, der hugenottischen Bauern in den Cevennen, die sich in einem mehrjährigen Aufstand gegen die Zwangskatholisierung durch Ludwig XIV. zur Wehr setzten. Benannt ist es nach den von den Unterdrückten als „Wüste" empfundenen Jahren des Cevennenkriegs (1702 bis 1705). *Le Mas Soubeyran | Mialet | Juli/Aug. tgl. 9.30–19, März–Juni und Sept.–Nov. 9.30–12 und 14–18 Uhr | www.museedudesert.com*

GROTTE DE TRABUC [121 D5]

12 km unterirdische Galerien sind in dieser größten Grotte der Cevennen 15 km westlich von Alès erforscht, die man auch *Grotte aux 100 000 soldats* nennt. Die „Soldaten" sind dicht an dicht stehende, nur wenige Zentimeter hohe Stalagmiten beiderseits einer Formation, die man als „Chinesische Mauer" bezeichnet hat. Eine wissenschaftliche Erklärung für dieses Naturphänomen wurde bisher nicht gefunden. Sehr selten sind auch die Kristalle schwarzer Aragoniten. *Juli/Aug. tgl. 10–18.30, März–Juni und Sept.–Nov. 9.30–12 und 14–18 Uhr*

ST-JEAN-DU-GARD [120 C5]

27 km westlich von Alès am Endpunkt der Corniche des Cévennes liegt das schon südlich wirkende Städtchen (2400 Ew.). Das *Musée des Vallées Cevenilles (Juli/Aug. tgl. 10–19, April–Juni und Sept./Okt. 10 bis 12.30 und 14–19 Uhr | http://pagesperso-orange.fr/museedesvallees cevenoles)* berichtet anschaulich über Alltag und Traditionen der Cevennenbewohner. Auf der ▶▶ *Place du Forail* treffen sich ab dem frühen Nachmittag die Boulespieler.

FLORAC

[120 B4] **Das Städtchen (2100 Ew.) liegt im Herzen der Cevennen zwischen dem Rebland des Languedoc und den Kastanienhainen des Massif Central.** Besonders lebhaft geht es donnerstagvormittags zu: Dann bieten Händler und Bauern aus dem Umland auf der Place de la Mairie ihre Waren an.

◼ SEHENSWERTES ◼

CHÂTEAU

Der Bau mit zwei Rundtürmen stammt von 1662. Heute ist die Burg Sitz der Verwaltung des Parc National des Cévennes mit Informationszentrum und interessanter Ausstellung über Architektur und Landschaft der Cevennen. *Sommer tgl. 9 bis 19, Vor- und Nachsaison Mo–Fr 9–12 und 14–18.30 Uhr*

◼ ESSEN & TRINKEN ÜBERNACHTEN

GORGES DU TARN

Preiswert und angenehm. Im angeschlossenen Restaurant können Sie köstliche Regionalküche genießen.

23 Zi. | 48, rue du Pêcher | Tel. 04 66 45 00 63 | Fax 04 66 45 10 56 | *http://causses-cevennes.com/gorges-du-tarn.htm* | €

LA LOZERETTE

Hier bekommen Sie liebevoll zubereitete Gerichte und finden dazu eine große Auswahl an ausgezeichneten Weinen, zumeist aus der Region. Dazu gehören drei komfortable, geschmackvoll eingerichtete Zimmer und eine Suite. *Cocurès (6 km von Florac) | Tel. 04 66 45 06 04 | Fax 04 66 45 12 93 | im Sommer Di,*

>LOW BUDGET

> Üppige Salate zu günstigen Preisen gibt es in Mende in der *Bar Lozérien (2, place René-Estoup | So geschl.)*; die Terrasse auf einem der hübschesten Plätze des Städtchens lädt zum Verweilen ein.

> Mitten in Meyrueis liegt das preisgünstige *Hotel Les Sapins (2, rue Henri-Maret | Tel. 04 66 45 60 40)* mit seinem hübschen Garten, 16 ruhigen Zimmern und einem Abstellraum für Fahrräder.

> 12 km nordwestlich von Meyrueis finden Wanderer eine preisgünstige, zünftige Unterkunft: Die *Gîte d'étape de Hyelzas (Hyelzas | Hures-la-Parade | Tel. 04 66 45 66 56)* ist ganzjährig geöffnet, Sie müssen aber reservieren!

> Im Sommer organisiert der Parc des Cévennes zahlreiche Ausflüge, kulturelle Veranstaltungen und Besichtigungen gratis oder gegen eine kleine Gebühr. Den Veranstaltungskalender bekommen Sie in Geschäften oder beim örtlichen Tourismusbüro.

FLORAC

*sonst Di-Mittag und Mi-Mittag ge-
schl.* | *www.lalozerette.com* | €–€€

■ AUSKUNFT ■

33, avenue Jean-Monestier | *Tel.
04 66 45 01 14* | *Fax 04 66 45 25 80* |
www.ville-florac.fr

■ ZIELE IN DER UMGEBUNG ■

Insider Tipp

CAUSSE MÉJEAN   [120 B4]

Westlich direkt aus Florac heraus
erklettert die D 16 das Hochplateau
der Causse Méjean. Die Straße ist
schmal und schwierig zu befahren,
aber auf der Hochfläche öffnet sich
die überwältigende Weite des fast
baum- und strauchlosen *causse.* Die
D 16 führt quer über diese Hochfläche bis nach *Les Vignes,* wo sie sich
wieder hinunter in die Gorges du
Tarn schlängelt. Man ist hier etwa
1000 m über dem Meer, und das
Klima ist entsprechend: im Sommer

sengend heiß, im Winter sehr kalt
und schneereich.

**CORNICHE
DES CÉVENNES** ★   [120 C4–5]

Die Fahrt auf der Corniche des Cévennes ist ein absolutes Muss, wenn
man den Nordteil des Languedoc-
Roussillon erkundet. Auf den 53 km
von Florac nach St-Jean-du-Gard erlebt man die Cevennen – zumindest
als Autofahrer – am intensivsten. Die
Höhenstraße wurde zu Beginn des
18. Jhs. auf Befehl Ludwigs XIV. angelegt, um seinen Truppen Zugang
zum Gebiet der aufständischen Kamisarden zu ermöglichen. Im ersten
Ort auf der Strecke, *St-Laurent-de-
Trèves,* wurden 190 Mio. Jahre alte
Spuren von Dinosauriern gefunden.
Über das Leben der Urtiere infor-
miert ein *Spectacle audiovisuel* **Insider Tipp**
(Juli/Aug. tgl. 10–19, Vor- und Nach-

Von der Corniche des Cévennes bieten sich immer wieder phantastische Fernblicke

saison Mi–Mo 10–12 und 14–18 Uhr) in der alten Kirche.

Die Straße führt hoch nach *L'Hospitalet* (992 m). Hier beginnen die kargen, versteppten Höhen, wo sich im 18. Jh. die Kamisarden versammelten. 3 km weiter kommt der ❆ *Col des Faïsses* (1026 m), von dem sich ein herrlicher Blick auf den Mont Lozère im Norden und den Mont Aigoual im Süden bietet. Beim Dorf *Le Pompidou* verläuft die Trennlinie zwischen Kalkstein und Schiefer, die Höhenstraße führt durch Kastanienwälder. Nach dem hübschen Dörfchen *St-Roman-de-Tousque* folgen der *Col d'Exil* (705 m) und der ❆ *Col de St-Pierre* (597 m), von dem Sie eine großartige Aussicht haben.

GORGES DU TARN ⭐ [120 A–B4]

Die Fahrt durch die Gorges du Tarn, ob von Florac nach Millau oder umgekehrt, macht mit einem der großen Naturwunder Frankreichs bekannt. 400–500 m tief hat sich der Fluss in den weichen Kalkstein der Cevennen gegraben und phantastische Formen aus dem Fels modelliert. Seit Beginn des 20. Jhs. windet sich eine Straße am Tarn entlang, immer hart an der steilen Felswand, häufig durch Tunnel und unter Felsbögen hindurch. Dabei sehen Sie zuweilen am anderen Ufer verwitterte Häuser mit Schindeldächern, eng aneinandergedrängt, zu denen man nur mit dem Kahn gelangt.

Die Gorges beginnen bei *Ispagnac* 9 km von Florac. Das Städtchen *Ste-Enimie* hat seinen Namen der Legende nach von einer schönen Prinzessin, die Heilung von der Lepra in der *Source de la Burle* fand und eine Kapelle in der Grotte bauen ließ (eine halbe Stunde zu Fuß westlich des Orts). Der wohl schönste Abschnitt der Gorges liegt zwischen *La Malène* und *Les Vignes*: der *Cirque des Baumes*, eine Flussschleife, die man am besten vom *Point Sublime* aus (Anfahrt von Les Vignes) sieht.

Der Ort La Malène mit seinen alten Häusern und Gassen hat ein schönes Hotel, das *Manoir de Montesquiou – Château-Hôtel de La Malène (12 Zi. | Tel. 04 66 48 51 12 | Fax 04 66 48 50 47 | www.manoir-montesquiou.com | €€–€€€)*, ein Schlösschen aus dem 15. Jh.

MONT LOZÈRE [118 C3–4] Insider Tipp

Von Le-Pont-de-Montvert führt die D 20 zum *Col de Finiels* (1541 m) und auf das weit gestreckte, 35 km breite Granitmassiv. Höchster Punkt ist der *Sommet des Finiels* (1699 m). Der nordöstlich von Florac gelegene Mont Lozère ist ein ideales Wandergebiet mit zahlreichen markierten Pfaden. Von *Châlet du Mont Lozère* mit Hotel und Informationszentrum des Parc National des Cévennes führt ein Wanderweg auf den Gipfel (hin und zurück rund 3 Std.).

MENDE

[120 B3] Das sympathische Städtchen (13 000 Ew.) liegt so weit abseits der Touristenströme, dass es sich seinen Charme unverfälscht erhalten konnte: Alte Häuser mit Schieferdächern und Gassen mit Kopfsteinpflaster prägen das Stadtbild. In der von Boulevards ringförmig eingeschlossenen mittelalterlichen Altstadt mit der stattlichen Kathedrale glaubt

MENDE

man sich in ein Landstädtchen des 19. Jhs. versetzt.

Der junge Lot, der 30 km östlich in der Montagne du Goulet ent-

ten die Pfeiler der Kathedrale; nur der Glockenturm blieb stehen. 1599 bis 1620 wurde die Kirche originalgetreu wieder aufgebaut.

 ESSEN & TRINKEN

LE MAZEL

Wenn Sie regionale Spezialitäten kosten wollen, sind Sie hier richtig: feine Fleisch- und Fischgerichte aus frischen Produkten. *25, rue du Collège | Tel. 04 66 65 05 33 | Mo-Abend und Di geschl. | €–€€*

■ ÜBERNACHTEN

HÔTEL DE FRANCE

Am Rand der Innenstadt bietet diese ehemalige Poststation 27 gemütliche Zimmer. Im Restaurant *(Sommer tgl., sonst Sa-Mittag und Mo geschl. | €€)* gibt es ausgezeichnete Regionalküche und gute Weine. *9, boulevard Lucien Arnault | Tel. 04 66 65 00 04 | Fax 04 66 49 30 47 | www.hotelde france-mende.com | €–€€*

HÔTEL DU PONT-ROUPT

Etwas außerhalb der Stadt am Ufer des Lot gelegen, ist dies die richtige Adresse für ein paar erholsame Tage. Komfortable Zimmer, beheizter Swimmingpool, Wellnessbereich. Dazu gehören eine Brasserie mit preisgünstiger Bistroküche und ein Restaurant für anspruchsvolle Gaumen. *26 Zi. | 2, avenue du 11 Novembre | Tel. 04 66 65 01 43 | Fax 04 66 65 22 96 | www.hotel-pont-roupt.com | €–€€*

Beherrschend: Kathedrale in Mende

springt, fließt unter dem alten Pont Notre-Dame hindurch; abrupt ragt dahinter die Felswand des Causse de Mende auf. Mende ist Hauptort des Lozère, des am dünnsten besiedelten Departements Frankreichs.

■ SEHENSWERTES

CATHÉDRALE

Papst Urban V. ließ den prächtigen, die Stadt beherrschenden Bau von Notre-Dame-et-Saint-Privat um 1369 beginnen. 1579 sprengten Protestan-

■ AUSKUNFT

Place du Forail | Tel. 04 66 94 00 23 | Fax 04 66 94 21 10 | www.ot-mende.fr

■ ZIELE IN DER UMGEBUNG ■

CAUSSE DE SAUVETERRE [120 A–B3–4]

Unter den Grands Causses ist der Causse de Sauveterre südwestlich von Mende der abwechslungsreichste. Auch hier ist der Horizont endlos weit, aber im westlichen Teil wird die steppenartige Landschaft hügeliger und grüner.

MARVEJOLS [120 B3]

Hinter den Wehrtoren (14. Jh.) des im hübschen Tal der Colagne gelegenen Städtchens *(www.ville-marvejols.fr)* 28 km westlich leben 5500 Menschen. Der Spaziergang durch die Altstadt beginnt bei der *Porte du Soubeyran* am gleichnamigen Platz, wo auch das Touristenbüro liegt. Über den Boulevard Réverend-Père-de-Jabrun gelangen Sie zur Kirche *Notre-Dame-de-la-Carce* (17. Jh.). Südlich davon liegt die *Porte de Chanelles*.

Empfehlenswert ist ein Abstecher zum rund 25 km nördlich an der D 73 gelegenen *Château de la Baume (Juli/Aug. tgl. 10–12 und 14–18 Uhr, sonst nach Anmeldung | Tel. 04 66 32 51 59 | www.chateaudela baume.org)* von 1630, das wegen seiner prächtigen Innenausstattung auch als „Versailles du Gévaudan" bezeichnet wird.

PARC À LOUPS DU GÉVAUDAN [120 B3]

Im 1100 m hoch gelegenen Waldgebiet von Gévaudan knapp 40 km nordwestlich von Mende leben in einem großen Freigehege rund 120 Wölfe aus Europa, Kanada und der Mongolei. Um Wölfe zu Gesicht zu bekommen, empfiehlt es sich, an einer Führung teilzunehmen. *Feb. bis Dez. tgl. 10–17 Uhr | www.loupsdu gevaudan.com*

> TATORT CEVENNEN

Noch heute spukt die „Bestie von Gévaudan"

Eine Fabelgestalt verbreitete im 18. Jh. Angst und Schrecken in den Cevennen: *la Bête du Gévaudan*. Das haarige, wolfsähnliche Ungeheuer spukt immer noch, heute auch im Dienst des Tourismus: als Plakat- und Postkartenillustration. Letztlich steht man vor einem Rätsel. Sicher ist nur, dass die Gegend von Gévaudan zwischen 1764 und 1767 von einem blutrünstigen Ungeheuer heimgesucht wurde, das rund 50 Menschen getötet haben soll. Erst als der Bauer Jean Chastel im Juni 1767 mit geweihten Kugeln loszieht – und einen Wolf erlegt –, hört der Schrecken auf. Die Geschichte wurde mehrmals ver-

filmt. Sie hat z. B. Christophe Gans zu seinem Thriller „Pakt der Wölfe" inspiriert, einer sehr freien Interpretation der Legende. Auch der Regisseur Patrick Volson hat den Stoff verfilmt: „Die Bestie der alten Berge" vermengt überlieferte Tatsachen mit Aberglauben, der sich um den Wolfsmythos rankt. Hintergrund ist der Glaubenskrieg in Frankreich unter Ludwig XV.: Die überwiegend katholische Bevölkerung findet in einem vermeintlich hugenottischen Schmied einen willkommenen Sündenbock. Ein junger Arzt glaubt als Einziger an dessen Unschuld und versucht, den Vorfällen auf den Grund zu gehen ...

MEYRUEIS

[120 B4–5] **Das mittelalterliche Städtchen mit nicht einmal 1000 Ew. liegt so günstig am Fuß der endlos weiten Causse Noir und Causse Méjean und des grünen Massivs des Mont Aigoual und ist selbst so sympathisch, dass man hier gern Station macht.** Seine Lage in 706 m Höhe am Eingang der Gorges de la Jonte ist hinreißend und die Luft kurortgeeignet.

Abîme de Bramabiau: Im Wasserfall l'Alcôve tritt das Flüsschen zutage

ESSEN & TRINKEN ÜBERNACHTEN

MONT AIGOUAL

Freundliches Familienhotel mit 30 komfortablen Zimmern, Pool, Terrasse und schönem Garten. Restaurant *(tgl.)* mit gepflegter Regionalküche. *34, quai de la Barrière | Tel. 04 66 45 65 61 | Fax 04 66 45 64 25 | www.hotel-mont-aigoual.com | €–€€*

AUSKUNFT

Tour de l'Horloge | Tel. 04 66 45 60 33 | Fax 04 66 45 65 27 | www.meyrueis-office-tourisme.com

ZIELE IN DER UMGEBUNG

ABÎME DE BRAMABIAU [120 B5]

Das unterirdisch durch den Kalkfels des Causse de Camprieu strömende Flüsschen Bonheur hat ein weit verzweigtes Labyrinth von Höhlen ausgewaschen. Die Stelle 20 km südöstlich von Meyrueis, wo es in einem Wasserfall wieder zutage tritt, heißt *l'Alcôve*. Beim Wasserfall betritt man die Unterwelt. Die Temperatur unter Tage liegt bei zehn Grad, warme Sachen mitnehmen! *Führungen Juli/Aug. tgl. 9.30–18.30, April bis Juni und Sept. 10–17.30, Okt./Nov. 10.30–16.30 Uhr | www.abime-de-bramabiau.com*

AVEN ARMAND [120 B4]

Der Aven Armand 11 km nordwestlich zählt zu den schönsten bekannten Tropfsteinhöhlen. Mit der Zahnradbahn fährt man direkt in den großen Saal des *fôret vierge* (60 m breit, 100 m lang, 45 m hoch) mit seiner phantastischen Formenvielfalt von rund 400 Stalagmiten. Die steinernen „Bäume" in der Halle erreichen eine

Höhe bis zu 25 m. Eine raffinierte Beleuchtung rückt die Naturwunder ins rechte Licht. *Juli/Aug. tgl. 9.30 bis 18, Mitte März–Juni und Sept. bis Mitte Nov. 10–12 und 13.30–17 Uhr | www.aven-armand.com*

CAUSSE NOIR   [120 A–B5]

Die Gorges de la Jonte und die Gorges de la Dourbie begrenzen den Causse, der seinen Namen von den dunklen Pinienwäldern hat. Eine Besonderheit sind die großartigen Felslabyrinthe wie der ⭐ *Chaos de Montpellier-le-Vieux* am Westrand des Causse. Der Regen hat hier aus dem Dolomitgestein eine regelrechte Festung gewaschen, die von den Einheimischen einst als „verfluchte Stadt" angesehen wurde. Sie können das ausgedehnte Gelände zu Fuß oder bequemer mit dem kleinen Zug *Petit Train Vert* besichtigen. *Juli/ Aug. tgl. 9–19, Mitte März–Juni und Sept.–Mitte Nov. 9.30–17.30 Uhr | www.montpellierlevieux.com*

GORGES DE LA JONTE   [120 A–B4]

Wenn man die berühmteren Gorges du Tarn auslässt, hat man mit diesem Canyon mehr als nur einen zweitrangigen Ersatz. Auf den 21 km zwischen Meyrueis und Le Rozier liegen schöne Haltepunkte. Bei dem Weiler Le Truel windet sich rechts die *Corniche du Causse Méjean* auf die Hochfläche, eine Strecke, die es an landschaftlicher Schönheit durchaus mit Abschnitten der weit bekannteren Corniche des Cévennes aufnehmen kann. Beim Ort St-Pierre-des-Tripiers können Sie vom ❄ *Belvédère des Vautours* aus Geier beobachten, die hier in den 1980er-Jahren wieder

angesiedelt wurden. *April–Okt. tgl. 10–17 Uhr | www.vautours-lozere.com*

GROTTE DE DARGILAN   [120 B4]

Die knapp 10 km westlich von Meyrueis gelegene Grotte wurde 1888 erforscht und bereits kurz darauf zur Besichtigung freigegeben. Im Reich der Grotten ist sie eine der schönsten. Sie wurde von einem unterirdischen Fluss gebildet, der eine Reihe großartiger Säle und Galerien aus dem Fels gewaschen hat. *Juli/Aug. tgl. 10 bis 18.30, April–Juni und Sept. 10 bis 17.30, Okt. 10–16.30 Uhr | www.grotte-dargilan.com*

MONT AIGOUAL ❄   [120 B5]

Dies ist der Aussichtsplatz par excellence in den Cevennen: Vom 1565 m hohen Gipfel reicht der Blick bei klarem Wetter bis zum Mittelmeer und zu den Alpen. Die 1887 errichtete Wetterstation steht hier oben an einem idealen Platz, denn das 27 km südöstlich von Meyrueis gelegene Massiv des Mont Aigoual bildet die Klimascheide zwischen ozeanischen und mediterranen Wettereinflüssen. Verschiedene Rund- und Wanderwege erschließen eine großartige Natur, z. B. der *Sentier des Botanistes* unterhalb des Gipfels, der auf 1 km Länge angelegt wurde. *Besichtigung der Wetterstation von Météo-France tgl. 10–19 Uhr | www.aigoual.asso.fr*

MILLAU

[120 A5] Lange Zeit war Millau (22 500 Ew.) vor allem für seine Staus berüchtigt – weil ein Stück auf der Autobahn in Richtung Montpellier fehlte, bildeten sich regelmäßig viele Kilometer lange Blechlawinen. Damit ist es vorbei, seit 2004 die höchste Autobahnbrücke der Welt über den Tarn eröffnet wurde. Doch ist das Städtchen auch für seine Lederverarbeitung *(www.megisserieri chard.com)* und Handschumanufakturen *(www.causse-gantier.com, www. atelierdugantier.fr)* bekannt, die seit mehr als zwei Jahrhunderten das wirtschaftliche Leben prägen. Vor al-

gische Funde aus der Region, prähistorische Werkzeuge etwa oder galloromanische Vasen. *Hôtel de Pégayrolles | place Foch | Okt.–April Mo bis Sa, Mai–Sept. tgl. 10–12 und 14 bis 18 (Juli/Aug. 10–18) Uhr*

VIADUC DE MILLAU ★

Der vom britischen Architekten Norman Foster entworfene, 2460 m lan-

Technische Meisterleistung: der von Norman Foster entworfene Viadukt von Millau

lem aber ist es ein idealer Ausgangspunkt für Exkursionen in die reizvolle Landschaft des Naturparks der Grands Causses.

▰ SEHENSWERTES ▰
MUSÉE DE MILLAU
Das Museum informiert über die Lederverarbeitung und zeigt archäolo-

ge Viadukt besticht durch eine leicht geschwungene, elegante Linie. Der größte der sieben Pylonen ist mit 343 m 19 m höher als der Eiffelturm. Die Fahrt führt 270 m über den Fluss Tarn und ist ein Erlebnis, das schon allein den Umweg über Millau lohnt. Um die Investitionskosten von rund 400 Mio. Euro zu amortisieren, wird eine Maut erhoben – im Sommer 7,40, im Winter 5,60 Euro. An Wochenenden und Feiertagen gibt es Besichtigungsfahrten zu der Brücke. Zwei Stunden lang erfahren Sie alles Wissenswerte über den Bau des Viadukts. *Abfahrt der Busse an der Place de Mandarous | Auskunft über die Fahrzeiten beim Office du Tourisme | www.leviaducdemillau.com*

ESSEN & TRINKEN ÜBERNACHTEN

BRACONNE

Familiäre Regionalküche mitten in der pittoresken Altstadt von Millau. *7, place du Maréchal Foch | Tel. 05 65 60 30 93 | So-Abend und Mo geschl. | €–€€*

CHÂTEAU DE CREISSELS

Ein Teil der 30 Zimmer in dem Schlösschen aus dem 12. Jh. ist charmant-stilvoll eingerichtet, andere sind moderner, dafür haben sie einen Balkon. Im angeschlossenen Restaurant *(im Sommer tgl., sonst So-Abend und Mo-Mittag geschl. | €€–€€€)* gibt es regionale Spezialitäten, etwa Lammfleisch aus den umliegenden *causses. 2 km außerhalb an der route de St-Affrique | Tel. 05 65 60 16 59 | Fax 05 65 61 24 63 | www.chateau-de-creissels.com | €–€€*

AUSKUNFT

1, place du Beffroi | Tel. 05 65 60 02 42 | Fax 05 65 60 95 08 | www.ot-millau.fr

ZIELE IN DER UMGEBUNG

ROQUEFORT-SUR-SOULZON   [120 A5]

Die rund 700 Ew. zählende Gemeinde etwa 20 km südlich von Millau hat dem weltweit berühmten Blauschimmelkäse seinen Namen gegeben. Sie liegt im Zentrum des Pays du Roquefort, wo diese würzige Delikatesse aus der Milch von Lacaune-Schafen hergestellt wird – einer robusten Rasse aus dem etwas weiter nördlich gelegenen Lacaune-Massiv.

Alles über die Entstehungsgeschichte des Roquefort, der langsam in Felsenkellern reifen muss, können Sie am besten beim Besuch einer der *caves* erfahren. Kostenlose Führungen – natürlich mit anschließender Kostprobe – organisiert die Firma *Roquefort Papillon (rue de la Fontaine | Sommer tgl. 9.30–18.30, Vor- und Nachsaison 9.30–11.30 und 13.30–17.30 Uhr | www.roquefort-papillon.com).*

SÉVÉRAC-LE-CHÂTEAU ☼   [120 A4]

Weithin sichtbar thront das 2500-Ew.-Städtchen *(www.severac-le-chateau.com)* mit seiner mittelalterlichen Burg auf einem 800 m hohen Hügel 37 km nördlich von Millau. Beim Bummel durch die engen Gassen entdecken Sie schöne Häuser aus der Renaissance. Um das Schloss führt eine teilweise erhaltene Stadtmauer. Von oben bietet sich ein Blick weit über das Aveyron-Tal. Im Sommer zeigt ein Falkner täglich um 15.30 Uhr Dressurkunststücke.

Übernachten und preiswert essen (deftige Regionalküche) können Sie im familiären Hotelrestaurant *Des Causses (18 Zi. | 38, avenue Aristide Briand | Tel. 05 65 70 23 00 | Fax 05 65 70 23 04 | im Sommer Mo-Mittag, sonst So-Abend und Mo geschl. | www.hotel-causses.com | Hotel €, Restaurant €–€€).*

> DURCH SCHLUCHTEN, ÜBER BERGE UND ZU DEN KATHARERN

Unterwegs in den südlichen Cevennen und im Hinterland des Roussillon

Die Touren sind auf dem hinteren Umschlag und im Reiseatlas grün markiert

1 DURCH DIE GORGES DE LA DOURBIE ZUM MONT AIGOUAL

Gleich, welche Strecke man in den Cevennen nimmt – fast immer ist die landschaftliche Schönheit überwältigend. Besonders der Parc National des Cévennes mit dem 1565 m hohen Mont Aigoual hat zahlreiche Varianten spannender Rundtouren zu bieten. Vom stark südlich angehauchten Städtchen Le Vigan an der Südseite der Cevennen geht die Strecke nord-

wärts in die Höhe, schlägt beim Dorf L'Espérou einen Haken nach Westen und schlängelt sich durch die Gorges de la Dourbie, um hinter Trèves in die Gorges du Trévezel einzutauchen. Im weiteren Verlauf steigt die Straße und führt Richtung Osten an den Mont Aigoual heran. Über Valleraugue beginnt der Abstieg ins Tal des Hérault zurück nach Le Vigan. Diese Rundfahrt von 135 km Länge dauert einen Tag. Sie bietet kaum weniger packende landschaftliche Höhepunkte als die weit

Bild: Gorges de Galamus

AUSFLÜGE & TOUREN

berühmteren Gorges du Tarn oder die Corniche des Cévennes. Der Vorteil: In der Hochsaison ist hier touristisch weniger los, und wenn man die Wanderschuhe dabeihat, ist Natur pur zu genießen.

Von **Le Vigan** steigt die D 48 kräftige 15 Prozent an und führt am Dorf Arphy vorbei. Bei **La Cravate** ist der erste Aussichtspunkt dieser *corniche* (Klippenstraße) erreicht: Über den Causse du Larzac schweift der Blick bei klarem Wetter bis zum Mittelmeer. Kurz vor dem **Col du Minier** (1264 m) gibt es eine weitere Gelegenheit für einen herrlichen Fernblick. Kurz vor L'Espérou biegen Sie links auf die D 151 ab, um hinter dem Dorf Dourbies in die *Gorges de la Dourbie* einzufahren. Dabei folgt die schwindelerregend hoch in den Fels geschlagene *corniche* der Schlucht – kaum weniger spektakulär als die Gorges du Tarn. Kurz vor dem **Col de la Pierre Plantée** (828 m)

Insider Tipp

folgt die Route der D 47 bis Trèves, von wo die D 157 in die beim **Pas de l'Âne** (Eselsschritt) nur 30 m breiten **Gorges du Trévezel** übergeht. Eingezwängt zwischen 400 m hohen Kalkfelswänden, fließt der Trévezel zwischen chaotischen Gesteinsbrocken. Beim Dorf Villemagne verlassen Sie die Schlucht und fahren aufwärts nach Camprieu. Rund 1 km nördlich des Orts ist ein kleines Naturwunder zu besichtigen: die **Abîme de Bramabiau** *(S. 90),* ein weit verzweigtes System unterirdischer Gänge, Säle und Kaskaden des Flusses Bonheur.

Sie folgen weiter der D 986 und erreichen über den **Col de la Séreyrède** (1300 m) und den Skiort **Prat Peyrot** den **Mont Aigoual** *(S. 91)* mit Wetterstation von France Météo. Schön ist auch die Rückfahrt über l'Espérou und Valleraugue im Tal des Hérault. Bei Pont d'Hérault können Sie über Ganges weiter nach Montpellier fahren oder aber nach Le Vigan zurückkehren.

2 IM LAND DER KATHARER

Ausgangspunkt dieser Rundfahrt zu den Katharerburgen ist Perpignan. Nordwestlich, in der Landschaft Corbières, bekannt auch als Weinregion, liegen die eindrucksvollen Burgruinen Quéribus, Peyrepertuse und Puilaurens. Weiter westlich kommt Château Puivert, dann, knapp außerhalb der Grenze des Languedoc-Roussillon, die Katharerburg Montségur. Endpunkt der Route ist die mittelalterliche Cité von Carcassonne. Für die Gesamtstrecke von 250 km sollten Sie zwei bis drei Tage veranschlagen. Die Katharerburgen, die wie Adlerhorste in der wilden Felslandschaft thronen, die grandiose Einsamkeit der Bergwelt und die schläfrige Stille der Dörfer und Städtchen führen zurück in eine versunken scheinende Welt.

Perpignan *(S. 70)* verlassen Sie auf der neuen, autobahnähnlichen N 116 Richtung Prades. Will man das interessante **Musée de Tautavel** *(S. 74)* besuchen, geht es nach 18 km bei Millas rechts ab auf die D 612. Sonst fahren Sie weiter auf der N 117 bis Maury und rechts ab auf die D 19, die steil zum **Château de Quéribus** *(S. 73)* ansteigt. 8 km weiter, auf der D 123/ D 14, liegt in 796 m Höhe **Château de Peyrepertuse** *(S. 72).*

Weiter geht es auf der schmalen D 14 über Rouffiac-des-Corbières und Soulatgé nach Cubières-sur-Cinoble. Die D 10/D 7 biegt hier südwärts in die Gorges de Galamus ab,

Eine Fluchtburg der Katharer: Château de Quéribus

Günstig am Schnittpunkt mehrerer Straßen gelegenes Etappenziel: das Bergstädtchen Quillan

streckenweise mit besonderer Vorsicht zu befahren. In St-Paul-de-Fenouillet stoßen Sie wieder auf die D 117, auf der Sie bis Lavagnac fahren. Links ab, und über dem Ort erhebt sich *Château de Puilaurens (S. 79).* Auf einer steilen Straße mit 15 Prozent Steigung gelangen Sie zur 697 m hoch gelegenen Burg. **Quillan** *(S. 78),* der nächste größere Ort, eignet sich gut als Etappenziel. Zur Einkehr und Übernachtung empfiehlt sich das familiäre Hotel **La Chaumière** *(25, boulevard Charles-de-Gaulle | Tel./Fax 04 68 20 02 00 | www.pyren. fr | €€)* mit 18 komfortablen Zimmern und gutem Restaurant *(tgl.)* mit bodenständiger Küche.

Am folgenden Tag ist das erste Ziel **Château Puivert** *(S. 79)* 16 km westlich von Quillan. Im Ort Puivert gibt es ein kleines, interessantes **Museum** mit einer originellen Sammlung mittelalterlicher Musikinstrumente. Weiter auf der D 117 bis Bélesta, wo die D 5 durch das hübsche Tal der Lasset nach **Montségur** führt. Der Aufstieg zum **Château de Montségur** *(S. 79)*

ist recht anstrengend und dauert rund eine halbe Stunde. Zur Rast lädt in Lavelanet unterhalb der Burg die Herberge **Costes** *(Tel. 05 61 01 10 24 | Fax 05 61 03 06 28 | tgl. | www.chez-costes.com | €)* ein: schmackhafte Hausmannskost und neun einfache Zimmer. Wenn Sie übernachten wollen, sollten Sie besser reservieren.

Von Montségur geht es zurück nach Bélesta und Puivert, von wo links die D 16 abbiegt, der Sie bis Chalabre folgen. Von dort weiter auf der D 620 bis Limoux. Die schöne Strecke weist zwei Pässe von 614 bzw. 490 m Höhe auf. In **Limoux** lohnt ein Besuch des informativen **Catha-Rama,** einer audiovisuellen Darstellung der Katharergeschichte. Achtung: Von Limoux fahren Sie nicht auf der D 118, sondern auf der D 104 Richtung Carcassonne und kommen dabei durch eine Landschaft von toskanischem Liebreiz, reich an Zypressen und Weingärten. **Carcassonne** *(S. 38)* ist für viele gleichbedeutend mit La Cité, der Altstadt mit ihrem Mauerring und ihren 38 Türmen.

EIN TAG IM LANGUEDOC

Action pur und einmalige Erlebnisse.
Gehen Sie auf Tour mit unserem Szene-Scout

FRÜHSTÜCK FRANÇAIS

8:30

Im *Le Bon Coin* starten Feinschmecker französisch in den Tag. Auf der schönen Terrasse servieren Renaud und Jennifer *café au lait* und leckere Croissants. Das *petit déjeuner* vor der Naturkulisse gibt Kraft für einen ereignisreichen Tag. **WO?** *32, cours de la République | Ganges | Tel. 04 67 73 72 17*

10:00

KLETTERPARTIE

Schwindelfrei? Dann geht es von St-Bauzille-de-Putois, einem kleinen Dorf etwa 10 km von Ganges, hoch hinaus in die Cevennen. Mit den Guides von *Aupalya* erklimmen Abenteurer gut gesichert z. B. die Felsschluchten des Hérault. **WO?** *Anmeldung und Treffpunkt unter Tel. 04 67 73 01 01 | Kosten: ab 37 Euro | www.aupalya.com*

GAUMENFREUDEN

13:00

Chez Fanny hat alles, was das Gourmetherz höher schlagen lässt. Hier verwöhnen Champagner, Meeresfrüchtepastete und Austern den Gaumen. Einfach zwischen den Schiefertafeln an einem der kleinen Bistrotische unter der weiß-blauen Markise Platz nehmen und schlemmen. **WO?** *25, quai Général Durant | Sète | Tel. 06 88 13 63 53 | www.webfrance.fr/chezfanny*

14:30

SÈTE INDIVIDUELL

Mit Audioguide und Stadtplan bewaffnet, starten Sie zur Entdeckungstour. Der kleine Mann im Ohr führt beim „Spaziergang entlang der Kais und ins Herz von Sète" den Canal Royal entlang und über die traditionellen Märkte von Sète. Interessierte erfahren alles über das Fischerstechen und die Highlights der Markthallen. **WO?** *Tourismusbüro | 60, grand-rue Mario Roustan | Tel. 04 67 74 71 71 | Kosten: 5 Euro*

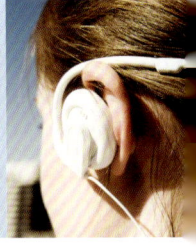

24 h

DAS GEHEIMNIS DER MUSCHELZÜCHTER

16:00

Die Minikreuzfahrt von *Thau Voyages* führt von Sète über das Bassin de Thau zu einem Muschel-zuchthof. Interessierte erfahren, wie Muscheln wachsen und ge-erntet werden. **WO?** *5, boulevard Gambetta | Frontignan | Anmel-dung unter Tel. 04 67 80 07 46 | www.thau-voyages.com*

17:00

WILD WEST EN FRANÇAIS

Aufgesessen! Mit den Cowboys der *Ranch Luke* auf weißen Pferden und im Galopp durch die Landschaft der Camargue. **WO?** *125, quai Théophile Cornu (La Tamarissière) | Cap d'Agde | Anmeldung 10 Min. vor jeder vollen Stunde unter Tel. 06 88 13 26 17 | Kosten: 14 Euro/Std. | ranch.luke.monsite.orange.fr*

MEER-WELLNESS

18:15

Im *Thalacap Languedoc* entspannen müde Muskeln mit wohltuendem Meer-wasser. Meerschlamm- und Algenpackungen regenerie-ren den Körper, und das Dampfbad mit Meeresluft sorgt für den Frischekick. **WO?** *Place de la Falaise | Cap d'Agde | Tel. 04 67 26 14 80*

20:30

DAS AUGE ISST MIT!

Zum Dinner lädt der Chefkoch Philippe Chapon ins *Tamarillos*. Blumen und Früchte inspirieren den zwei-fachen Meister des Desserts. Nachtischtipp und die Spezialität des Hauses: schokoladige „Erdbeer-Emotionen". **WO?** *2, place du Marché aux Fleurs | Montpellier | Tel. 04 67 60 06 00 | www.tamarillos.biz*

WILDE NACHT

22:00

Nachtschwärmer lauschen in der Musikbar *L'Antirouille* Livekonzerten und dem Mix aus Chansons, Elektro- oder Rockmusik. Ungewöhnlich: An der Bar wird zu jeder Jahreszeit Punsch ausgeschenkt. **WO?** *12, rue Anatole-France | Montpellier | Tel. 04 67 06 51 68*

> WASSERSPORT UND MEHR

200 km Badeküste mit feinsten Sandstränden und tolle Reviere für Wanderer, Golfer, Biker ...

> Das Angebot an Aktivitäten auf dem Wasser und am Strand ist in allen Badeorten beispielhaft. In Segel-, Surf- und Tauchclubs stehen neben erstklassigem Material erfahrene Lehrer bereit, um Anfängern die ersten Weihen oder Fortgeschrittenen den letzten Schliff zu geben.

Bei Ausflügen zu Fuß, mit dem Rad oder zu Pferd ist das Hinterland von den Cevennen bis zu den Pyrenäen zu entdecken, das Landschaften von vielfältiger Schönheit erschließt.

■ ANGELN

Phantastische Angelreviere finden sich im Binnenland mit seinen Seen, Flüssen und klaren Bergbächen von den Cevennen bis zu den Pyrenäen. Tageskarten bekommen Sie meist bei den Touristenbüros. Meeresangeltouren werden u. a. angeboten von: *Gruissan Thon Club (quai des Palmiers | Gruissan | Tel. 04 68 49 14 41 | www.gruissanthonclub.com); Compagnie maritime Roc i Cost (quai*

SPORT & AKTIVITÄTEN

Marco Polo | Port-Argelès | Tel. 04 68 81 43 88); Méteore II (Grau-du-Roi | Tel. 04 66 53 55 20). Die Compagnie Maritime Roussillon-Croisières (Tel. 04 68 81 63 84 | *www.roussillon-croisieres.com*) hat Anlegestellen u. a. in den Häfen von Argelès, St-Cyprien und Port-Vendres.

GOLF

21 Plätze stehen an der Küste und im Binnenland zur Wahl. Erstklassige Parcours sind u. a. *Golf du Cap d'Agde (4, avenue des Alizées | Tel. 04 67 26 54 40 | golf.ville-agde.fr)* mit 18-Loch-Platz, *Golf de La Grande-Motte (avenue du Golf | Tel. 04 67 56 05 00 | www.ot-lagrande-motte.fr/golf.htm)* mit zwei 18-Loch-Plätzen und einem 6-Loch-Platz sowie *Golf de Montpellier-Massane (Domaine de Massane | Baillargues | Tel. 04 67 87 87 89 | www.massane.com)* mit je einem 9- und 18-Loch-Platz.

KANU & KAJAK

Die Welt der *étangs* an der Küste mit ihren Inseln und reicher Vogelwelt oder die Küstengewässer sind besonders schön im Kanu oder Kajak zu entdecken. Versierte Kanuten nehmen die wilden Wasser der Oberläufe von Orb, Doubie und Hérault mit ihren Schluchten in Angriff. Meereskajaks und Kanus kann man an den Stränden der Badeorte stundenweise mieten. Auskunft: *Comité Régional Canoë-Kayak (Tel. 04 67 22 81 00 | www.crck.org/languedocroussillo)*. Für Ausflüge in der Tarnschlucht: *Le Canophile (route de Florac | Ste-Enimie | Tel. 04 66 48 57 60 | www.canoe-tarn.com)*. Für Ausflüge in der Audeschlucht: *Rodeo Raft (15, rue des Oliviers | Prades | Tel. 04 68 20 98 86 | www.rodeoraft.com)*.

MOTORBOOTAUSFLUG

Ein Motorboot ohne Führerscheinpflicht zu leihen und einen Tag auf Entdeckungsreise zu gehen, ist ein großes Erlebnis, z. B. von Cap d'Agde aus übers Meer nach Grau d'Agde und von dort den Fluss Hérault hinauf bis Agde, dann weiter auf dem Canal du Midi bis ins Bassin de Thau mit seinen Austernbänken. *Le Domaine de Robinson (6, quai de la Plaisance | Marseillan-Plage/Cap d'Agde | Tel. 04 67 01 62 70 | jpchoquer@aol.com); Navisud (résidence Santa Anna | Argelès-sur-Mer | Tel. 04 68 81 45 56 | artimon@sunsud.fr)*.

RADWANDERN & MOUNTAINBIKING

In allen Badeorten gibt es Fahrradverleiher. Viele der Orte haben Radwege angelegt, auf denen man die nähere Umgebung erkunden kann. Beim Radwandern über weitere Distanzen sind, besonders mit dem Mountainbike, die rund 6300 km beschilderten Wanderwege ideale Parcours. Sie sind nach Schwierigkeitsgraden farblich markiert, denn das bergige Terrain im Hinterland stellt hohe Ansprüche. Auskunft bei den örtlichen Fremdenverkehrsämtern oder bei der *Maison des Sports (200, avenue du Père Soulas | Montpellier | Tel. 04 67 41 78 39)*.

REITEN

Die *centres équestres* der Küstenorte organisieren Strandritte, z. B. bei Canet-en-Roussillon die *Ranch Colorado (rond-point Ste-Marie | Tel. 04 68 73 58 18 | www.ranch-colorado.fr)*. Ausflüge zu Pferd zwischen Weinbergen und Strand organisiert die *Ranch des Salins (Villeneuve-lès-Maguelone | Tel. 04 67 69 59 70)* bei Sète. Wenn Sie durch die Camargue galoppieren wollen, sind Sie im *Mas de l'Espiguette (route de l'Espiguette | Tel. 04 66 51 51 89 | masdelespiguette.free.fr)* bei Grau-du-Roi gut aufgehoben. Weitere Auskünfte: *Association Régionale pour le Tourisme Équestre (Tel. 06 82 12 75 96 | http://www.terre-equestre.com)*

SEGELN & WINDSURFEN

Jeder Badeort mit Marina hat seine Segelschule mit Verleih, wo man Segeln, Windsurfen, Funboardfahren oder Slalomlaufen auf Wasserskiern lernen kann. Die Ausbildung ist seriös, mit staatlich geprüften Lehrern, die mitunter bekannte Profis sind oder gar Weltmeistertitel errangen: *Form'Marine (20, rue Georges*

SPORT & AKTIVITÄTEN

Braque | Collioure | Tel. 06 09 76 96 70 | *www.form-marine.com*); *Le Central Windsurf (plage des Pins | Argelès-sur-Mer | Tel. 06 74 554997 | www. centralwindsurf.com); Centre nautique du Cap (plage Richelieu | Cap d'Agde | Tel. 04 67 01 46 46 | www. centrenautique-capdagde.com); Centre Nautique (esplande Jean Baumel | La Grande-Motte | Tel. 04 67 56 62 64)*

■ TAUCHEN

Gut ausgerüstete und geführte Tauchclubs mit diplomierten Lehrern finden sich in allen großen Badeorten. So hat allein Argelès-Plage fünf Clubs, die Lehrgänge aller Stufen anbieten und Tauchausflüge zu Wracks an der Küste organisieren, z. B. *Pro Sub Mer (quai Marco Polo | Argelès-sur-Mer | Tel. 04 68 81 63 84 | www. prosubmer.com).*

■ WANDERN

Die schönsten Wanderrouten führen durch die urwüchsigen Landschaften des Haut-Languedoc mit den Cevennen, über die *causses,* um den Mont Lozère, durch die Gorges de l'Ardèche und in die Pyrenäen. Kaum weniger vielfältig sind aber auch die Möglichkeiten, auf eigene Faust oder im Rahmen von geführten Wanderungen die Küstenregion zu erkunden, z. B. auf dem *Circuit botanique méditerranéen,* der 11 km von Argelès bei Montesquieu-des-Albères ausgeschildert ist. Geführte Wanderungen mit oder ohne Esel durch die Cevennen organisiert *Cév'ânes (Tel. 04 66 83 96 34 | www.cevanes.com)* und im Hinterland von Perpignan *Balades gourmandes d'ici ou ailleurs (Tel. 04 68 67 11 90 | balades gourmandes@voila.fr).*

Insider Tipp

Windsurfer ohne eigenes Equipment finden in fast allen Strandorten ein *centre nautique*

> STRANDURLAUB IM BADEPARADIES

Im Languedoc-Roussillon ist die von feinem Sandstrand gesäumte Küste ein einziger Kinderspielplatz

> Das gemeinsame Markenzeichen aller Badeorte ist ein Gütesiegel: *Station Kid.* Alle Strände sind bewacht und ausgerüstet mit allen möglichen Kindereinrichtungen.

▮ LANGUEDOC ▮

AQUALAND CAP D'AGDE [122 C5]
Im Gegensatz zum Meer rauschen hier immer hohe Wellen. Außerdem auf 400 m² Becken mit riesigen Wasserrutschen, verschiedene Wasserspiele etc. *Sommer tgl. 10–18 bzw. 19*

Uhr | 25 Euro, Kinder ab 1 m 17,50 Euro | www.aqualand.fr

CACTUS PARK BESSAN [122 C4]
Hier sind Tausende von Kakteen aller Größen und im Safaripark Hunderte von heimischen und exotischen Tieren zu bewundern. *Chemin de la Turque | Juni–Aug. tgl. 10–20, April, Mai, Sept. 10–18.30, Feb., März, Okt. Sa/So 12–18 Uhr | 6 Euro, Kinder 4 Euro | cactuspark.fr*

Bild: Badestelle am Gard beim Pont du Gard

MIT KINDERN REISEN

LA CITÉ DES OISEAUX
CARCASSONNE [125 D3]

Vor der beeindruckenden Kulisse der Cité von Carcassonne können Sie Adler, Falken, Geier und viele andere Vogelarten beim Freiflug bewundern. Außerdem gibt es ein kleines Rudel Wölfe, das sich vormittags und nachmittags bei der Fütterung zeigt. *Etwa 1 km östl. an der N 26 Richtung Narbonne | Juli/Aug. tgl. 10.30–12 und 14.30–18.30, Vorführungen 11, 15.30* und 17 Uhr, April–Juni und Sept. 14 bis 18, Vorführungen 15.30, So auch 17 Uhr | 9,50 Euro, Kinder 6 Euro | *www.citedesoiseaux.com*

ESPACE GRAND BLEU
LA GRANDE-MOTTE [123 E3]

Parc aquatique mit einem künstlichen Wildwasserfluss, Riesenwasserrutschen von 12 m Höhe und 18 m bzw. 48 m Länge, aber auch Schwimmschule, Sauna, Hamam und Jacuzzi.

195, rue St-Louis | Sommer Mo–Fr 10–20, Sa/So 10–19 Uhr | 9,50 Euro, Kinder 7,50 Euro

GOUFFRE GÉANT DE CABRESPINE [125 D2]

Ein Ausflug in diese riesige Höhle ist nicht nur für Kinder ein Erlebnis. Der unterirdische Saal ist 220 m hoch, das Gestein leuchtet in allen Farben. Hobbyhöhlenforscher können an einer mehrstündigen Wanderung unter Tage einschließlich einer Bootsfahrt auf dem unterirdischen Fluss teilnehmen *(Anmeldung erforderlich, Tel. 04 67 66 11 11). Juli/Aug. tgl. 10 bis 18.30, April–Juni und Sept./Okt. 10 bis 12 und 14–17.30, Feb., März und Nov. 14–17.30 Uhr | 8 Euro, Kinder 4 Euro | www.grottes-de-france.com*

Insider Tipp

MUSÉE DES DINOSAURES MÈZE [122 C4]

In dem 500 000 m² großen Park sind alle Dinos versammelt, die einst die Erde bevölkerten. *Juli/Aug. tgl. 10–19, Feb.–Juni und Sept. 14–18, Okt.–Dez. 14–17 Uhr | 7,50 Euro, Kinder 6 Euro | www.musee-parc-dinosaures.com*

▉ ROUSSILLON ▉

LES AIGLES DE VALMY [125 F5–6]

Zweimal täglich erlebt man das faszinierende Schauspiel frei fliegender Adler und anderer Raubvögel. *Château de Valmy | route de Collioure/Argelès-sur-Mer | Vorführungen Juli/Aug. tgl. 14.30 und 16, April–Juni und Sept.–Nov. Di–Do und So 14.30 Uhr | 9,50 Euro, Kinder 7,50 Euro | www.lesaiglesdevalmy.com*

ESPACE DE LIBERTÉ NARBONNE [125 F3]

Ein supermodernes Freizeitzentrum mit beheiztem Olympiabecken, Eis-

bahn, Bowlinghalle mit zwölf Bahnen, einem ultimativen Skatepark mit Street- und Handrailkonstruktionen und Cafeteria. *Route de Perpignan an der südlichen Ausfahrt von Narbonne | Schwimmbad Sommer tgl. 10 bis 19.30 (Di und Fr bis 22) Uhr; Bowling Mo–Sa 14–2, So 13–2 Uhr, Eisbahn tgl. 10–12 und 14–19, Fr/Sa auch 20.30–23 Uhr | 4–6 Euro, Kinder 2–4 Euro | www.espaceliberte.com*

MONT O Z'ARBRES PRATS-DE-MOLLO [125 D6]

Insider Tipp

Ein toller Abenteuerpark in der Bergwelt von Vallespir – Große und Kleine können sich auf Hängebrücken oder Seilen von Baum zu Baum hangeln und an einem steilen Felsen unter fachkundiger Aufsicht klettern üben. Naturfreunde entdecken auf einem botanischen Wanderpfad rund 50 verschiedene Baumarten. Zum Picknicken lädt ein Grillplatz ein. *La Preste | April–Nov. tgl. 9.30–19.30, Sommer bis 20.30 Uhr | 22,50 Euro, Jugendliche ab 1,40 m 20,50 Euro, Kinder 16 Euro | www.montozarbres.com*

PORT MINIATURE ARGELÈS-SUR-MER [125 F5]

Der Minihafen befindet sich im Freizeitgelände *Espace Loisirs,* wo es noch zahlreiche andere Aktivitäten für Kinder und Jugendliche gibt – einen Wasserpark mit Kanufahrten etwa, einen *parcours acrobatique* zum Klettern, eine Kartrennbahn für Kinder ab vier sowie Minigolf- und Bowlinganlagen. *5, impasse Copernic | Juli/Aug. tgl. 11–24, April–Juni und Sept. 14–19 Uhr | Eintritt je nach Aktivität ab 4,50 Euro, günstige*

Grundregel Nummer eins in der Réserve Africaine Sigean: Das Auto bitte nicht verlassen!

Familientickets | *www.espace-loisirs-nature.com*

RÉSERVE AFRICAINE SIGEAN [125 F3]

Auf einem rund 3 km² großen Gelände, das mit niedrigem Buschwerk, verdorrtem Gras und Wassertümpeln fast wie afrikanische Steppe wirkt, tummeln sich rund 3800 Tiere. Sie fahren mit dem Auto im Schritttempo durch den weitläufigen Tierpark und können Antilopen, Flusspferde, Geparden, Giraffen, Löwen und viele andere Tierarten aus der Nähe beobachten. Einen Teil des Geländes kann man zu Fuß erkunden, dort leben die Tiere in großen Gehegen. In einer Cafeteria gibt es Schnellgerichte und Erfrischungen. *Sommer tgl. 9–18.30, Vor- und Nachsaison 9–16 Uhr | 24 Euro, Kinder 19 Euro | www.reserveafricainesigean.fr*

■ CEVENNEN ■■■■■■■■■■

RÉSERVE DES BISONS D'EUROPE
STE-EULALIE [120 B2]

Sozusagen wild leben etwa 40 Bisons in einem 17 ha großen Reservat. Die Tiere finden hier ideale Bedingungen vor, die Winter sind streng, die Sommer heiß. Außer zu Fuß auf einem 1 km langen Pfad können Sie die Bisons auch per Kutschfahrt und mit Führer besuchen, im Winter mit Pferdeschlitten. Ein kleines Museum mit nachgebauter prähistorischer Höhle informiert über die Geschichte der Bisons in Europa. *Sommer tgl. 10–18, sonst 10–16 bzw. 17 Uhr | 6 Euro, Kinder 4 Euro, mit Kutschfahrt 12/6,50 Euro, mit Schlittenfahrt 14,50/8 Euro | www.bisoneurope.com*

LE TRAIN À VAPEUR
DES CÉVENNES [120–121 C–D5]

Unter Dampf zuckelt der Oldtimerzug über Viadukte und durch Tunnel zwischen Anduze und St-Jean-du-Gard, eine Strecke von ungefähr 15 km. Der Zug hält in der Bambouseraie, Sie können dort aussteigen und später weiterfahren. *April–Mitte Sept. tgl., Mitte Sept.–Okt. Di–So ab Anduze 9.30, 11.30, 15 und 17 Uhr | Hin- und Rückfahrt 12 Euro, Kinder 7 Euro | www.trainavapeur.com*

> VON ANREISE BIS ZOLL

Urlaub von Anfang bis Ende: die wichtigsten Adressen und Informationen für Ihre Reise ins Languedoc-Roussillon

ANREISE

AUTO

Die *Autoroute du Soleil* (A 7) durchs Rhônetal ist die schnellste Verbindung. Bei Orange fährt man weiter auf der A 9 *(La Languedocienne)*, erste Etappe ist Nîmes. In die Cevennen gehts von hier auf der N 106 Richtung Alès. Die Autobahn verbindet Nîmes mit Montpellier, Béziers, Narbonne und führt weiter als *La Catalane* über Perpignan nach Spanien. Die französischen Autobahnen sind mautpflichtig (rund 6–7 Euro/100 km).

BAHN

Der reservierungspflichtige TGV *(train à grande vitesse)* ist die schnellste Verbindung. Von Paris nach Nîmes braucht er knapp drei, nach Perpignan gut fünf Stunden. Gute Zugverbindungen bestehen auch von der Schweiz aus. Wollen Sie weiter ins Landesinnere, gibt es nur wenige Bahnverbindungen. Die französische SNCF *(www.sncf.de)* ergänzt den Zug dann mit dem Bus *(train + autocar)*, der von bestimmten Bahnhöfen aus weiterfährt.

FLUGZEUG

Nîmes, Montpellier, Perpignan und Béziers werden ab Paris-Orly oder Paris-Charles-de-Gaulle täglich von Air France angeflogen (60 Min. Flugzeit). Nach Paris bestehen von

> WWW.MARCOPOLO.DE

Ihr Reise- und Freizeitportal im Internet!

> Aktuelle multimediale Informationen, Insider-Tipps und Angebote zu Zielen weltweit ... und für Ihre Stadt zu Hause!

> Interaktive Karten mit eingezeichneten Sehenswürdigkeiten, Hotels, Restaurants etc.

> Inspirierende Bilder, Videos, Reportagen

> Kostenloser 14-täglicher MARCO POLO Podcast: Hören Sie sich in ferne Länder und quirlige Metropolen!

> Gewinnspiele mit attraktiven Preisen

> Bewertungen, Tipps und Beiträge von Reisenden in der lebhaften MARCO POLO Community: *Jetzt mitmachen und kostenlos registrieren!*

> Praktische Services wie Routenplaner, Währungsrechner etc.

Abonnieren Sie den kostenlosen MARCO POLO Newsletter ... wir informieren Sie 14-täglich über Neuigkeiten auf marcopolo.de!

Reinklicken und wegträumen!
www.marcopolo.de

 > MARCO POLO speziell für Ihr Handy! Zahlreiche Informationen aus den Reiseführern, Stadtpläne mit 100 000 eingezeichneten Zielen, Routenplaner und vieles mehr.
mobile.marcopolo.de (auf dem Handy)
www.marcopolo.de/mobile (Demo und weitere Infos auf der Website)

PRAKTISCHE HINWEISE

allen größeren deutschen Städten sowie aus der Schweiz und Österreich mehrmals täglich Flugverbindungen. Ryanair bietet Flüge von Frankfurt-Hahn nach Montpellier und von Brüssel nach Carcassonne, Nîmes und Perpignan an, Germanwings von Hamburg nach Toulouse. Außerdem fliegen mehrere Billigfluglinien nach Girona in Spanien; von dort sind es rund 100 km nach Perpignan.

■ AUSKUNFT

MAISON DE LA FRANCE

– Zeppelinallee 37 | 60325 Frankfurt | Tel. 0900/157 00 25 | Fax 0900/159 90 61 | http://de.franceguide.com; – Lugeck 1–2 | 1010 Wien | Tel. 0900/25 00 15 | Fax 01/503 28 72 | http://at.franceguide.com; – Rennweg 42 | 8021 Zürich | Tel. 04 42 17 46 00 | Fax 04 42 17 46 17 | http://ch-de.franceguide.com

COMITÉ RÉGIONAL DU TOURISME LANGUEDOC-ROUSSILLON

L'Acropole | 980, avenue Jean Mermoz | 34960 Montpellier-Cedex | Tel. 04 67 20 02 20 | Fax 04 67 64 47 48 | www.sunfrance.com

■ AUTO

Das Autobahnnetz Frankreichs wird ständig erweitert; die Benutzung ist mautpflichtig. Sehr dicht und wenig befahren ist das Netz der Landstraßen, dagegen herrscht auf den meisten Nationalstraßen starker Verkehr.

Höchstgeschwindigkeiten: auf Autobahnen 130, bei Regen 110 km/h, National- und Departmentstraßen 90, bei Regen 80 km/h, auf vierspurigen Strecken 110 km/h; in Ortschaften 50 km/h. Promillegrenze 0,5. Das Mitführen von Warnweste und Warndreieck ist Pflicht. Motorräder müssen am Tag mit Abblendlicht fahren, für alle Verkehrsteilnehmer gilt das bei Regen und Nebel. Wer bei Geschwindigkeitskontrollen erwischt wird, muss schon bei geringen Tempolimitüberschreitungen hohe Geldbußen zahlen. Bei Unfällen muss Personenschaden vorliegen, damit die Polizei eingreift. Pannenhilfe *(dépanneur-remorqueur)* vermitteln die Polizei *(Rufnummer 17)* bzw. die Autobahn-Notrufsäulen.

Vorsicht vor Dieben! Am besten stellen Sie den Wagen nachts in Hotelgaragen bzw. auf gesicherten Parkplätzen ab – ohne jedes Gepäck. Wertsachen sollte man auch tagsüber keinesfalls im geparkten Wagen liegen lassen, schon gar nicht an Parkplätzen am Strand.

■ CAMPING

Die meisten Campingplätze liegen an der Küste. Adressen bei den örtlichen *Offices du Tourisme* und unter *www.campingfrance.com* oder *www.camping-infrankreich.com*. Auf Anfrage erhalten Sie die Broschüre „Camping-Caravaning" auch bei den Fremdenverkehrsämtern.

DIPLOMATISCHE VERTRETUNGEN

DEUTSCHES KONSULAT MARSEILLE
338, avenue du Prado | Tel. 04 91 16 75 20 | Fax 04 91 16 75 28 | www.marseille.diplo.de

ÖSTERREICHISCHES KONSULAT MARSEILLE
27, cours Pierre Puget | Tel. 04 91 53 02 08 | Fax 04 91 53 71 51 | www.bmeia.gv.at

SCHWEIZER KONSULAT MARSEILLE
7, rue d'Arcole | Tel. 04 96 10 14 10 | Fax 04 91 57 01 03 | www.eda.admin.ch

EINREISE

Pass oder Personalausweis genügt zur Einreise, eine Grenzkontrolle findet normalerweise nicht mehr statt.

EINTRITTSPREISE

Bei den meisten Schlössern, privaten Museen und zoologischen Gärten zahlen Erwachsene durchschnittlich 7–9 Euro für den Eintritt, Kinder die Hälfte. Bei staatlichen und städtischen Museen und Sehenswürdigkeiten müssen Sie mit 4–5 Euro rechnen, für die Besichtigung von Klöstern, Kirchen und Ausgrabungsstätten mit 1,50–5 Euro.

FKK

Die Franzosen schätzen den *naturisme.* An der Küste des Languedoc-Roussillon sind rund ein Dutzend FKK-Zentren entstanden, von denen einige zu den größten des Landes gehören. Informationen im Internet: *www.naturisme.fr* oder *www.campingo.com/camping-naturiste-france.htm*

GELD & KREDITKARTEN

Geldautomaten sind fast überall vorhanden. Das Zahlen mit Kreditkarten (Mastercard/Eurocard oder Visa) ist wesentlich verbreiteter als in Deutschland, auch bei kleineren Beträgen.

> EINE STADT DER ZUKUNFT
Mit der Tram durch Montpellier

Nicht allein mit futuristischen Glanzleistungen der Architektur macht Montpellier von sich reden. Die Stadt wird immer wieder ihrem Ruf gerecht, mit innovativen Ideen zu überraschen. Dazu gehört die Einführung der guten alten Straßenbahn im Jahr 2000. Aber hier ist sie in ihrer Kombination von modernster Technologie und wegweisendem Design ein kleines Kunstwerk. Dabei wurden die Stadtväter von der Idee geleitet, dass die Tram auch als touristische Attraktion genutzt wird, mit der sich ihre Stadt ohne Stress erleben lässt. Die Strecke von der zentralen Place de la Comédie Richtung Osten ist besonders interessant. Vorbei am weitläufigen, neoklassizistisch gestylten Komplex Antigone geht es 15 km aus der Stadt hinaus bis zur vorläufigen Endstation Odysseum. Hier warten das hypermoderne Ensemble von Végapolis mit seinem Eislaufpalast, das ultimative Planétarium Galilée, der Kinokomplex Gaumont Multiplex und andere Attraktionen auf Besucher.

PRAKTISCHE HINWEISE

GESUNDHEIT

Falls Sie die Europäische Kranken-
versicherungskarte EHIC nicht dabei-
haben oder Zusatzkosten entstehen,
legen Sie Arzt- und Apothekenge-
bühren aus und reichen die Belege
der heimischen Kasse zur Erstattung
ein. Um auch einen eventuellen Ei-
genanteil abzudecken, ist eventuell eine Reisekrankenversicherung ratsam.

INTERNET

Sehr ausführliche touristische und
allgemeine Informationen über das
gesamte Languedoc-Roussillon in
übersichtlicher Form bietet *www.
sunfrance.com*. Campingplätze, Hotels, Ferienhäuser oder -wohnungen
können Sie buchen bei *www.resin
france.com*; Ferienhäuser und -woh-
nungen finden Sie auch bei *www.ab
ritel.fr*, *www.gites-de-france.fr*, *www.
ferienhaus-privat.de* oder *www.home
lidays.com*. Weinfexe informieren
sich auf *www.vins-languedoc-rous
sillon.fr*; zwei Websites mit Tipps für
Wanderer und Radwanderer sind
*www.netrando.fr/4dcgi/fr/geoquery/2
77.htm* und *www.randonnee.biz/ran
donnee-languedoc-roussillon.htm*. Die
Museen im Languedoc-Roussillon
finden Sie unter *www.picturalissime.
com/musee_languedoc_roussillon.htm*.

INTERNETCAFÉS

Internetcafés heißen in Frankreich
cybercafés und sind nicht nur in großen Städten sondern auch in vielen
Ferienorten zu finden.

KURTAXE

Ein Posten im Ferienbudget, der
nicht vergessen werden darf, ist die
taxe de séjour. Sie wird für alle Un-
terkünfte, Hotels, Ferienwohnungen
und Campingplätze erhoben, allerdings ist der Zeitraum für die einzelnen Badeorte nicht einheitlich, so
z. B. von Juni bis September (Argelès-Plage) oder von Juli bis August
(Gruissan-Plage). Sie ist gestaffelt

> WAS KOSTET WIE VIEL?

> KAFFEE	UM 2,80 EURO	für eine Tasse *café crème*
> BROT	0,95 EURO	für ein Baguette
> WEIN	AB 4 EURO	für eine Karaffe (0,25 l)
> EINTRITT	4–9 EURO	für einen Museumsbesuch
> BENZIN	UM 1,45 EURO	für einen Liter Super
> FAHRRAD	AB 40 EURO	Miete pro Woche

nach Unterkunftsart und -kategorie,
z. B. pro Person im Dreisternehotel
rund 0,75 Euro pro Tag, im Zwei-
sternehotel 0,55 Euro, im Hotel ohne
Stern 0,35 Euro; für Kinder ab zehn
Jahren wird im Allgemeinen der
halbe Satz berechnet.

NOTRUF

Polizei, Notarzt, Feuerwehr: *Tel. 112*

ÖFFNUNGSZEITEN

Bei den angegebenen Öffnungszeiten
ist zu beachten, dass sie öfters kurz-
fristigen Veränderungen unterliegen.

Außerhalb der Saison sind abseits gelegene Sehenswürdigkeiten teils nur an bestimmten Tagen wie Wochenenden, in den Schulferien und allgemeinen Feiertagen zu besichtigen, teils ganz geschlossen. Bei Führungen werden Neuankömmlinge gegen Ende der Öffnungszeiten mitunter nicht mehr eingelassen.

POST

Briefe bis 20 g und Postkarten in EU-Länder und die Schweiz kosten 0,60 Euro Porto.

STROM

Netzspannung 220–240 Volt. Flachstecker passen auch in französische Steckdosen. Sonst braucht man einen Adapter.

TELEFON & HANDY

In den Telefonzellen braucht man Telefonkarten *(télécartes)*, erhältlich in Postämtern, Tabak- und Zeitungsläden, Tankstellen, Hotels. Erheblich billiger ist das Telefonieren ins Ausland montags bis freitags von Mitternacht bis 8 Uhr morgens, samstags und an Sonn- und Feiertagen den ganzen Tag.

Innerhalb Frankreichs sind immer die zehnstelligen Nummern zu wählen, auch bei Ortsgesprächen. Für Auslandsgespräche von Frankreich aus wählt man 00, dann die Länderkennzahl (Deutschland 49, Österreich 43, Schweiz 41), dann die Ortsvorwahl ohne Null. Für Gespräche vom Ausland nach Frankreich 0033 und dann die neunstellige Nummer ohne die Null am Anfang wählen.

Telefonieren mit dem Handy ist bei einer Flächenabdeckung von gut 98 Prozent in Frankreich kein Problem. Doch Vorsicht – es kann teuer werden! Informieren Sie sich vorher auf den Internetseiten oder über die

WETTER IN PERPIGNAN

Jan.	Feb.	März	April	Mai	Juni	Juli	Aug.	Sept.	Okt.	Nov.	Dez.
12	13	16	19	22	26	29	28	25	20	16	13

Tagestemperaturen in °C

Jan.	Feb.	März	April	Mai	Juni	Juli	Aug.	Sept.	Okt.	Nov.	Dez.
4	5	7	10	13	16	19	19	17	12	8	5

Nachttemperaturen in °C

Jan.	Feb.	März	April	Mai	Juni	Juli	Aug.	Sept.	Okt.	Nov.	Dez.
5	6	7	8	9	9	10	9	8	6	5	4

Sonnenschein Std./Tag

Jan.	Feb.	März	April	Mai	Juni	Juli	Aug.	Sept.	Okt.	Nov.	Dez.
7	6	8	7	9	7	5	6	7	8	6	9

Niederschlag Tage/Monat

Jan.	Feb.	März	April	Mai	Juni	Juli	Aug.	Sept.	Okt.	Nov.	Dez.
12	12	12	13	15	18	20	21	20	17	15	13

Wassertemperaturen in °C

Hotline Ihres Anbieters über die Tarife der einzelnen Roamingpartner. Einige Netzbetreiber bieten für bestimmte Länder auch Pauschaltarife an. Das ist bequem, entbindet jedoch nicht vom Preisvergleich. Teuer wird es auch, wenn die Mailbox im Urlaub eingeschaltet bleibt. Der Angerufene zahlt dann für die Verbindung ins Reiseland und – bei Nichterreichen – zurück zum Anrufbeantworter nach Deutschland. Daher besser noch im Heimatland die Mailbox abschalten! Immer günstig sind SMS.

TRINKGELD

Im Restaurant wird nach oben bis zu zehn Prozent aufgerundet; den Betrag lässt man auf dem Tisch liegen. Im Hotel gibt man bei besonderen Dienstleistungen dem Portier und dem Zimmerservice ein Trinkgeld, ebenso bei längerem Aufenthalt dem Zimmermädchen. Im Taxi sind zehn Prozent üblich. Beim Friseur legt man bis zu 2 Euro in das Schälchen bei der Kasse.

UNTERKUNFT

An der Küste sind die Quartiere im Juli und August restlos ausgebucht; zeitiges Vorbestellen ist also unerlässlich. Das gilt auch für die Zeiten der großen Feste in den Städten wie zum Beispiel die Feria von Nîmes oder Béziers.

Die Häuser der Hotelkette Logis de France bieten bei günstigen Preisen traditionsverbundene Gastlichkeit. Man erkennt sie am grün-gelben Schild mit einem Kamin. Die Zimmerpreise sind für ein oder zwei Personen meist dieselben. Das Frühstück wird in den meisten Häusern

extra berechnet. Alternativen zum Hotel sind Gästezimmer *(chambres d'hôtes)* und *gîtes ruraux,* Ferienwohnungen und -häuser in Dörfern und auf Bauernhöfen. Reservierun-

Im Jahresschnitt sieben Sonnenstunden pro Tag sorgen für Blüten- und Palmenpracht

gen und Broschüre beim *Comité Régional du Tourisme.* Auch die örtlichen *Offices du Tourisme* halten Adressen bereit.

Jugendherbergen *(www.fuaj.org)* finden Sie in Carcassonne, Montpellier, Nîmes, Perpignan, Quillan und Sète.

ZOLL

Innerhalb der EU gibt es für privat Reisende keine Zollgrenzen mehr. Für den persönlichen Verbrauch dürfen Touristen zum Beispiel 800 Zigaretten, 1 kg Tabak, 10 l Spirituosen und 90 l Wein – davon maximal 60 l Schaumwein – frei ein- und ausführen. Für Schweizer Staatsbürger gelten erheblich niedrigere Freigrenzen. Weitere Informationen unter *www. zoll-d.de*

„Sprichst du Französisch?" Dieser Sprachführer hilft Ihnen, die wichtigsten Wörter und Sätze auf Französisch zu sagen

Aussprache

Zur Erleichterung der Aussprache sind alle französischen Wörter mit einer einfachen Aussprache (in eckigen Klammern) versehen.

■ AUF EINEN BLICK

Ja./Nein.	Oui. [ui]/Non. [nong]
Vielleicht.	Peut-être [pöhtätr]
Bitte.	S'il vous plaît. [ßil wu plä]
Danke.	Merci. [märßi]
Gern geschehen.	De rien. [dö rjäng]
Entschuldigen Sie!	Excusez-moi! [äksküseh mua]
Wie bitte?	Comment? [kommang]
Guten Morgen/Tag!	Bonjour! [bongschur]
Guten Abend!	Bonsoir! [bongsuar]
Hallo!/Grüß dich!	Salut! [ßalü]
Wie ist Ihr Name, bitte?	Comment vous appelez-vous? [kommang wusapleh wu]
Wie heißt du?	Comment tu t'appelles? [kommang tü tapäl]
Wie geht es Ihnen/dir?	Comment allez-vous/vas-tu? [kommangtaleh wu/kommang wa tü]
Danke. Und Ihnen/dir?	Bien, merci. Et vous-même/toi? [bjäng märßi. eh wu mäm/tua]
Auf Wiedersehen!	Au revoir! [oh röwuar]
Tschüss!/Bis bald!	Salut! [ßalü]/A bientôt! [a bjängtoh]
Ich verstehe Sie/dich nicht.	Je ne comprends pas. [schön kongprang pa]
Ich spreche nur wenig Französisch.	Je parle un tout petit peu français. [schparl äng tu pti pöh frangßä]
Können Sie mir bitte helfen?	Vous pouvez m'aider, s. v. p.? [wu puweh mehdeh ßil wu plä]
Sprechen Sie Deutsch/Englisch?	Vous parlez allemand/anglais? [wu parleh almang/anglä]
Ich möchte …	J'aimerais … [schämrä]
Das gefällt mir nicht.	Ça ne me plaît pas. [ßan mö plä pa]
Haben Sie …?	Vous avez …? [wusaweh]
Wie viel kostet es?	Combien ça coûte? [kongbjäng ßa kut]
Wie viel Uhr ist es?	Quelle heure est-il? [kälör ätil]

SPRACHFÜHRER
FRANZÖSISCH

■ UNTERWEGS

Bitte, wo ist …?	Pardon, où se trouve …, s.v.p.?
	[pardong, uß truw … ßil wu plä]
… der Bahnhof?	… la gare … [la gar]
… die Haltestelle?	… l'arrêt … [larä]
	… la station … [la staßjong]
Bus/Fähre/Zug	le bus [lö büß]/le bac [lö bak]/
	le train [lö träng]
Entschuldigung,	Pour aller à …, s. v. p.?
wie komme ich nach …?	[puraleh a ßil wu plä]
Immer geradeaus bis …	Vous allez tout droit jusqu'à …
	[wusaleh tu drua schüßka]
Dann links/rechts abbiegen.	Ensuite, vous tournez à gauche/
	à droite. [angßüit wu turneh a gosch/
	adruat]
nah/weit	près [prä]/loin [luäng]
Überqueren Sie …	Vous traversez … [wu trawärßeh]
… die Brücke.	… le pont. [lö pong]
… den Platz.	… la place. [la plaß]
… die Straße.	… la rue. [la rü]
Ich möchte … mieten.	Je voudrais louer … [schwudrä lueh]
… ein Auto …	… une voiture. [ün wuatür]
… ein Fahrrad …	… un vélo. [äng wehloh]
… ein Boot …	… un bateau. [äng batoh]
offen/geschlossen	ouvert(e) [uwär, uwärt]/
	fermé(e) [färmeh]
drücken/ziehen	pousser [pußeh]/tirer [tireh]
Eingang/Ausgang	l'entrée [langtreh]/la sortie [la ßorti]
Wo sind bitte die Toiletten?	Où sont les W.-C., s. v. p.?
	[u ßong leh wehßeh ßil wu plä]
Damen/Herren	dames [damm]/messieurs [meßjöh]

■ SEHENSWERTES

Wann ist das Museum	A quelle heure ouvre le musée?
geöffnet?	[a kälör uwrö lö müseh]
Wann beginnt die Führung?	La visite guidée est à quelle heure?
	[la wisit gideh äta kälör]
Altstadt	la vieille ville [la wjäj wil]
Ausstellung	l'exposition [läkspohsißjong]
Gottesdienst	l'office [lofiß]

Kirche	l'église [lehglis]
Rathaus	la mairie [la märi]/
	l'hôtel de ville [lotäl dö wil]
Schloss	le château [lö schatoh]
Stadtplan	le plan (de la ville)
	[lö plang (dö la wil)]
Stadtzentrum	le centre de la ville [lö ßangtre dö la wil]

▉ DATUMS- & ZEITANGABEN

Montag	lundi [längdi]
Dienstag	mardi [mardi]
Mittwoch	mercredi [märkrödi]
Donnerstag	jeudi [schödi]
Freitag	vendredi [wangdrödi]
Samstag	samedi [ßamdi]
Sonntag	dimanche [dimangsch]
heute/morgen	aujourd'hui [oschurdüi]/
	demain [dömäng]
täglich	par jour [par schur]

▉ ESSEN & TRINKEN

Die Speisekarte, bitte.	La carte, s. v. p. [la kart ßil wu plä]
Ich nehme …	Je prendrai … [schö prangdreh]
Bitte ein Glas …	Un verre de …, s. v. p.
	[äng wär dö … ßil wu plä]
Besteck	les couverts [leh kuwär]
Messer/Gabel/Löffel	le couteau [lö kutoh]/la fourchette
	[la furschät]/la cuillère [la küijär]
Vorspeise	le hors-d'œuvre [lö ordöwr]
Hauptgericht	le plat de résistance
	[lö plad rehsistangs]
Nachspeise	le dessert [lö dehßär]
Salz/Pfeffer	le sel [lö ßäl]/le poivre [lö puawr]
scharf	fort(e) [for, fort]
Ich bin Vegetarier/in.	Je suis végétarien.
	[schö süi weschetariäng]
Trinkgeld	le pourboire [lö purbuar]
Die Rechnung, bitte.	L'addition, s. v. p. [ladisjong ßil wu plä]

▉ EINKAUFEN

Wo kann ich … kaufen?	Où est-ce qu'on peut acheter …?
	[u äs kong pöht aschteh]
Apotheke	la pharmacie [la farmaßi]
Bäckerei	la boulangerie [la bulangschri]

Lebensmittelgeschäft	l'épicerie [lehpißri]
Markt	le marché [lö marscheh]
Eine Einkaufstüte, bitte.	Un sac, s. v. p. [äng sak ßil wu plä]
Nehmen Sie Kreditkarten?	Vous prenez les cartes de crédit? [wu pröneh leh kart dö krehdi]

ÜBERNACHTEN

Ich habe bei Ihnen ein Zimmer reserviert.	J'ai réservé une chambre chez vous. [schö rehsärweh ün schangbrö scheh wu]
Haben Sie noch …	Est-ce que vous avez encore … [äßkö wusaweh angkor]
… ein Einzelzimmer?	… une chambre pour une personne? [ün schangbr pur ün pärsonn]
… ein Zweibettzimmer?	… une chambre pour deux personnes? [ün schangbr pur döh pärsonn]
mit Bad	avec salle de bains [awäk ßal dö bäng]
Was kostet das Zimmer mit Frühstück?	Quel est le prix, petit déjeuner compris? [käl_ä lö prid la schangbr pti dehschöneh kongpri]

PRAKTISCHE INFORMATIONEN

Können Sie mir einen Arzt empfehlen?	Vous pourriez recommander un médecin, s. v. p.? [wu purjeh rökommangdeh äng bong mehdßäng ßil wu plä]
Ich habe hier Schmerzen.	J'ai mal ici. [scheh mal ißi]
Eine Briefmarke, bitte.	Un timbre, s. v. p. [äng tämbre ßil wu plä]
Postkarte	la carte postale [la kart poßtal]
Wo ist hier bitte eine Bank?	Pardon, je cherche une banque. [pardong schö schärsch ün bangk]
Geldautomat	la billetterie [la bijätri]

ZAHLEN

1	un, une [äng, ühn]		11	onze [ongs]
2	deux [döh]		12	douze [dus]
3	trois [trua]		20	vingt [wäng]
4	quatre [katr]		50	cinquante [ßängkangt]
5	cinq [ßängk]		100	cent [ßang]
6	six [ßiß]		200	deux cents [döh ßang]
7	sept [ßät]		500	cinque cents [ßängk ßang]
8	huit [üit]		1000	mille [mil]
9	neuf [nöf]		1/2	un demi [äng dmi]
10	dix [diß]		1/4	un quart [äng kar]

Pont Vieux und Kathedrale St-Nazaire in Béziers

> UNTERWEGS IM LANGUEDOC-ROUSSILLON

Die Seiteneinteilung für den Reiseatlas finden Sie auf dem hinteren Umschlag dieses Reiseführers

REISE ATLAS

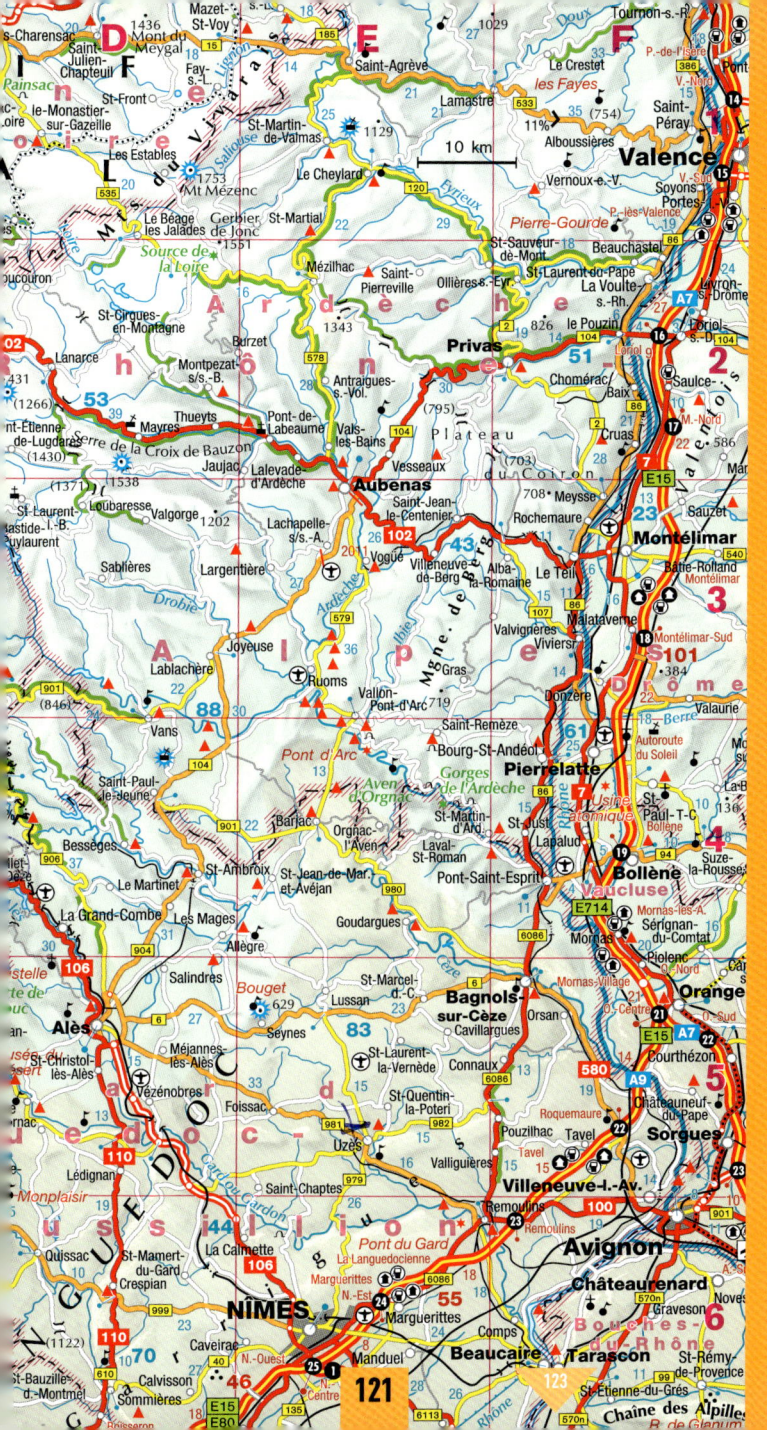

KARTENLEGENDE

18 **26**	Autobahn mit Anschlussstellen Motorway with junctions
=====	Autobahn in Bau Motorway under construction
I	Mautstelle Toll station
O	Raststätte mit Übernachtung Roadside restaurant and hotel
⊛	Raststätte Roadside restaurant
⊕	Tankstelle Filling-station
▭	Autobahnähnliche Schnell- straße mit Anschlussstelle Dual carriage-way with motorway characteristics with junction
▬▬▬	Fernverkehrsstraße Trunk road
▬▬▬	Durchgangsstraße Thoroughfare
▬▬▬	Wichtige Hauptstraße Important main road
▬▬▬	Hauptstraße Main road
....	Nebenstraße Secondary road
———	Eisenbahn Railway
🚗	Autozug-Terminal Car-loading terminal
—————	Zahnradbahn Mountain railway
⊢∘∘∘∘∘∘∘⊣	Kabinenschwebebahn Aerial cableway
....	Eisenbahnfähre Railway ferry
🚢	Autofähre Car ferry
– – – –	Schifffahrtslinie Shipping route
▬▬▬	Landschaftlich besonders schöne Strecke Route with beautiful scenery
Alleenstr.	Touristenstraße Tourist route
XI-V	Wintersperre Closure in winter
×–×–×–×	Straße für Kfz gesperrt Road closed to motor traffic
8% ‹	Bedeutende Steigungen Important gradients
🚐	Für Wohnwagen nicht empfehlenswert Not recommended for caravans
🚐	Für Wohnwagen gesperrt Closed for caravans

✳ *Wartenstein* ✳ *Umbalfälle*	Sehenswert: Kultur - Natur Of interest: culture - nature
～～	Badestrand Bathing beach
✸	Besonders schöner Ausblick Important panoramic view
▬▬▬	Ausflüge & Touren Excursions & tours
▭ ▭	Nationalpark, Naturpark National park, nature park
▦	Sperrgebiet Prohibited area
⊥	Kirche Church
⊥	Kloster Monastery
♪	Schloss, Burg Palace, castle
⊼	Moschee Mosque
♪ ♪ ♪ ♪	Ruinen Ruins
⊼	Leuchtturm Lighthouse
⊥	Turm Tower
∩	Höhle Cave
∴	Ausgrabungsstätte Archaeological excavation
▲	Jugendherberge Youth hostel
⌂	Allein stehendes Hotel Isolated hotel
⌂	Berghütte Refuge
▲	Campingplatz Camping site
✈	Flughafen Airport
✈	Regionalflughafen Regional airport
✈	Flugplatz Airfield
—·—·—	Staatsgrenze National boundary
—–—–—	Verwaltungsgrenze Administrative boundary
⊖	Grenzkontrollstelle Check-point
⊖	Grenzkontrollstelle mit Beschränkung Check-point with restrictions
PARIS	Hauptstadt Capital
MONTPELLIER	Verwaltungssitz Seat of the administration

FÜR IHRE NÄCHSTE REISE

gibt es folgende MARCO POLO Titel:

DEUTSCHLAND
Allgäu
Amrum/Föhr
Bayerischer Wald
Berlin
Bodensee
Chiemgau/Berchtes-
gadener Land
Dresden/Sächsische
Schweiz
Düsseldorf
Eifel
Erzgebirge/Vogtland
Franken
Frankfurt
Hamburg
Harz
Heidelberg
Köln
Lausitz/Spreewald/
Zittauer Gebirge
Leipzig
Lüneburger Heide/
Wendland
Mark Brandenburg
Mecklenburgische
Seenplatte
Mosel
München
Nordseeküste
Schleswig-
Holstein
Oberbayern
Ostfriesische Inseln
Ostfriesland/
Nordseeküste
Niedersachsen/
Helgoland
Ostseeküste
Mecklenburg-
Vorpommern
Ostseeküste
Schleswig-
Holstein
Pfalz
Potsdam
Rheingau/
Wiesbaden
Rügen/Hiddensee/
Stralsund
Ruhrgebiet
Schwäbische Alb
Schwarzwald
Stuttgart
Sylt
Thüringen
Usedom
Weimar

ÖSTERREICH | SCHWEIZ
Berner Oberland/
Bern
Kärnten
Österreich
Salzburger Land
Schweiz
Tessin
Tirol
Wien
Zürich

FRANKREICH
Bretagne
Burgund
Côte d'Azur/Monaco
Elsass
Frankreich
Französische
Atlantikküste
Korsika
Languedoc-Roussillon
Loire-Tal
Nizza/Antibes/Cannes/
Monaco
Normandie
Paris
Provence

ITALIEN | MALTA
Apulien
Capri
Dolomiten
Elba/Toskanischer
Archipel
Emilia-Romagna
Florenz
Gardasee
Golf von Neapel
Ischia
Italien
Italienische Adria
Italien Nord
Italien Süd
Kalabrien
Ligurien/
Cinque Terre
Mailand/Lombardei
Malta/Gozo
Oberital. Seen
Piemont/Turin
Rom
Sardinien
Sizilien/
Liparische Inseln
Südtirol
Toskana
Umbrien
Venedig
Venetien/Friaul

SPANIEN | PORTUGAL
Algarve
Andalusien
Barcelona
Baskenland/Bilbao
Costa Blanca
Costa Brava
Costa del Sol/Granada
Fuerteventura
Gran Canaria
Ibiza/Formentera
Jakobsweg/Spanien
La Gomera/El Hierro
Lanzarote
La Palma
Lissabon
Madeira
Madrid
Mallorca
Menorca
Portugal
Sevilla
Spanien
Teneriffa

NORDEUROPA
Bornholm
Dänemark
Finnland
Island
Kopenhagen
Norwegen
Schweden
Stockholm
Südschweden

WESTEUROPA | BENELUX
Amsterdam
Brüssel
Dublin
England
Flandern
Irland
Kanalinseln
London
Luxemburg
Niederlande
Niederländische
Küste
Schottland
Südengland

OSTEUROPA
Baltikum
Budapest
Estland
Kaliningrader Gebiet
Lettland
Litauen/Kurische
Nehrung
Masurische Seen
Moskau
Plattensee
Polen
Polnische Ostsee-
küste/Danzig
Prag
Riesengebirge
Russland
Slowakei
St. Petersburg
Tallinn
Tschechien
Ungarn
Warschau

SÜDOSTEUROPA
Bulgarien
Bulgarische
Schwarzmeerküste
Kroatische Küste/
Dalmatien
Kroatische Küste/
Istrien/Kvarner
Montenegro
Rumänien
Slowenien

GRIECHENLAND | TÜRKEI | ZYPERN
Athen
Chalkidiki
Griechenland
Festland
Griechische
Inseln/Ägäis
Istanbul
Korfu
Kos
Kreta
Peloponnes
Rhodos
Samos
Santorin
Türkei
Türkische Südküste
Türkische Westküste
Zakinthos
Zypern

NORDAMERIKA
Alaska
Chicago und
die Großen Seen
Florida
Hawaii
Kalifornien
Kanada
Kanada Ost
Kanada West
Las Vegas
Los Angeles
New York
San Francisco
USA
USA Neuengland/
Long Island
USA Ost
USA Südstaaten/
New Orleans
USA Südwest
USA West
Washington D.C.

MITTEL- UND SÜDAMERIKA
Argentinien
Brasilien
Chile
Costa Rica
Dominikanische
Republik
Jamaika
Karibik/
Große Antillen
Karibik/
Kleine Antillen
Kuba
Mexiko
Peru/Bolivien
Venezuela
Yucatán

AFRIKA | VORDERER ORIENT
Ägypten
Djerba/
Südtunesien
Dubai/Vereinigte
Arabische Emirate
Israel
Jerusalem
Jordanien
Kapstadt/
Wine Lands/
Garden Route
Kapverdische Inseln
Kenia
Marokko
Namibia
Qatar/Bahrain/Kuwait
Rotes Meer/Sinai
Südafrika
Tunesien

ASIEN
Bali/Lombok
Bangkok
China
Hongkong/Macau
Indien
Indien/Der Süden
Japan
Ko Samui/
Ko Phangan
Malaysia
Nepal
Peking
Philippinen
Phuket
Rajasthan
Shanghai
Singapur
Sri Lanka
Thailand
Tokio
Vietnam

INDISCHER OZEAN | PAZIFIK
Australien
Malediven
Mauritius
Neuseeland
Seychellen
Südsee

REGISTER

Im Register sind alle in diesem Reiseführer erwähnten Orte und Ausflugsziele verzeichnet. Halbfette Seitenzahlen verweisen auf den Haupteintrag, kursive auf ein Foto.

IMPRESSUM

SCHREIBEN SIE UNS!

Liebe Leserin, lieber Leser,

wir setzen alles daran, Ihnen möglichst aktuelle Informationen mit auf die Reise zu geben. Dennoch schleichen sich manchmal Fehler ein – trotz gründlicher Recherche unserer Autoren/innen. Sie haben sicherlich Verständnis, dass der Verlag dafür keine Haftung übernehmen kann.

Wir freuen uns aber, wenn Sie uns schreiben.

Senden Sie Ihre Post an die
MARCO POLO Redaktion,
MAIRDUMONT, Postfach 31 51,
73751 Ostfildern,
info@marcopolo.de

IMPRESSUM

Titelbild: Canal du Midi (Jupiterimages: French Photographers only)
Fotos: G. Amberg (30/31, 56, 94/95, 100/101); Aupalya Aventure (98 M. r.); BIP!: Ronan Mulet (14 o.); Concours Ecrivains en Herbes: Laurent Boutonnet (15 M.); W. Dieterich (U. r., 2 l., 3 M., 41, 46, 51, 69, 84); ©fotolia.com: Barbara Dudzińska (98 o. l.); R. Freyer (3 l., 26, 39, 54/55, 62, 67, 79, 96, 97); R. Gerth (8/9); R. M. Gill (U. l., 19, 22/23, 27, 28, 29, 32, 34, 36, 48, 58, 104/105, 107, 113); B. Göttlicher (71); Laurence Gueritey (12 o.); J. Hartlieb-Braun (130); HB Verlag: K. U. Müller (118/119); Huber: Gräfenhain (6/7, 80/81), Giovanni Simeone (16/17); ©iStockphoto. com: asterix0597 (15 o.), Les Byerley (13 o.), Robert Churchill (13 u.), simon edwin (99 o. l.), Shawn Gearhart (99 u. l.), Skip Odonnell (99 u. r.), Susan Stewart (98 M. l.), Stills (99 M. l.), Sergeo_Syd (98 u. r.) Diane White Rosier (99 M. r.); Jungle Beach: Eric Sidobre (15 u.); Jupiterimages: French Photographers only (1); Laif/Hemis: Frances (4 r.), Frances-Wysocki (88), Frumm (74), Guiziou (53, 103), Moirenc (42), Rieger (23, 64); Laif/REA (92); Laif/Rea: Horcajuelo (44), Parott (21); Les Domaines Auriol SAS (14 u.); Mairie de Carcassonne (12 u.); K. U. Müller (U. M., 2 r., 3 r., 5, 22, 28/29, 61, 73, 76, 82, 86, 90); White Star: Stuart (24/25); E. Wrba (11)

6., aktualisierte Auflage 2009
© MAIRDUMONT GmbH & Co. KG, Ostfildern
Chefredaktion: Michaela Lienemann, Marion Zorn
Autor: Axel Patitz; Bearbeitung: Jutta Hartlieb-Braun; Redaktion: Nikolai Michaelis
Programmbetreuung: Jens Bey, Silwen Randebrock; Bildredaktion: Gabriele Forst
Szene/24h: wunder media, München; Kartografie Reiseatlas: © MAIRDUMONT, Ostfildern
Innengestaltung: Zum goldenen Hirschen, Hamburg; Titel/S. 1–3: Factor Product, München
Sprachführer: in Zusammenarbeit mit Ernst Klett Sprachen GmbH, Stuttgart, Redaktion PONS Wörterbücher
Das Werk einschließlich aller seiner Teile ist urheberrechtlich geschützt. Jede urheberrechtsrelevante Verwertung ist ohne Zustimmung des Verlages unzulässig und strafbar. Das gilt insbesondere für Vervielfältigungen, Übersetzungen, Nachahmungen, Mikroverfilmungen und die Einspeicherung und Verarbeitung in elektronischen Systemen.
Printed in Germany. Gedruckt auf 100% chlorfrei gebleichtem Papier

> UNSERE INSIDERIN

MARCO POLO Korrespondentin Jutta Hartlieb-Braun im Interview

Die Journalistin Jutta Hartlieb-Braun lebt in Frankreich und macht seit Jahren regelmäßig Urlaub in ihrem Ferienhaus bei Carcassonne.

Was reizt Sie am Languedoc-Roussillon?

Mir gefällt die sehr vielseitige Landschaft: In einer Stunde bin ich am Mittelmeer, in den Pyrenäen oder am Tarn mit seinen wildromantischen Schluchten. Außerdem sind da so reizvolle Städte wie Montpellier, Narbonne oder Perpignan.

Und was mögen Sie nicht so?

Den Rummel in manchen Badeorten und touristischen Hochburgen wie Carcassonne, die Staus auf der Autobahn. Deshalb meide ich die Region auch in den Sommermonaten.

Wo und wie leben Sie genau?

Ich habe 2001 ein Ferienhaus in einem kleinen Dorf bei Carcassonne gekauft. Das Haus, das ich seither peu à peu renoviert habe, nutze ich bisher nur für den Urlaub, wenns geht dreimal im Jahr.

Wie haben Sie Französisch gelernt?

Zuerst in der Schule und dann während meines Studiums in Paris. Nun lebe ich schon seit über 25 Jahren in Frankreich, wenn auch direkt an der deutschen Grenze, in Straßburg im Elsass.

Was genau machen Sie beruflich?

Ich bin Journalistin und arbeite bei der französischen Nachrichtenagentur Agence France Presse (AFP).

Kommen Sie viel in den Cevennen und im Languedoc-Roussillon herum?

Ja, ich erkunde die Region schon seit langer Zeit – schon bevor ich mein Häuschen gekauft habe. Und wenn wir nun dort sind, haben wir oft Besuch, dem wir die Gegend zeigen wollen. Im Lauf der Jahre habe ich Freunde in der Gegend gewonnen, die mir viele wertvolle Tipps geben.

Was machen Sie in Ihrer Freizeit?

Ich habe viele Hobbys – Lesen, Reisen, Kino und Theater, Kochen – aber leider viel zu wenig Zeit.

Mögen Sie die Küche in Südfrankreich?

Ich liebe die Mittelmeerküche wie gegrillten Fisch, Olivenpaste, gegrilltes Knoblauchbrot. Aber auch die deftigeren Spezialitäten aus dem Landesinneren, etwa den Bohneneintopf *cassoulet* – wenn es nicht gerade zu heiß ist.

Könnten Sie sich vorstellen, einmal wieder in Deutschland zu leben?

Nach so vielen Jahren in Frankreich wäre eine Rückkehr nach Deutschland wohl nicht einfach. Andererseits wohne ich ja in Straßburg und damit praktisch mit einem Fuß in Baden-Württemberg.